2017~2018

上海经济形势回顾与展望

ECONOMY OF SHANGHAI REVIEW AND OUTLOOK（2017~2018）

主编　周亚　朱章海

上海市统计科学应用研究所

格致出版社　　上海人民出版社

目 录

价格篇

民生篇

CONTENTS

PRICE

LIVELIHOOD

稳中向好态势明显　提质增效成果显著

——2017～2018 年上海经济形势回顾与展望

　　2017 年,在党中央、国务院和上海市委、市政府的坚强领导下,上海认真贯彻落实以习近平同志为核心的党中央的决策部署,坚持稳中求进工作总基调,坚持以提高发展质量和效益为中心,以推进供给侧结构性改革为主线,以自贸试验区改革为突破口,以科技创新中心建设为重要载体,深入推进创新驱动发展、经济转型升级。全市经济运行呈现"总体平稳、稳中有进、稳中向好、好于预期"的态势,经济结构不断优化,新兴动能加快成长,质量效益进一步提高。

　　展望 2018 年,全球经济仍将延续稳步复苏势头,主要经济体增长前景将继续好转,但不确定因素仍然存在;国内经济增长韧性增强,经济有望继续保持平稳运行。面临较有利的国内外环境,2018 年,上海经济仍将维持平稳增长态势,但发展所面临的深层次问题和结构性矛盾依然较多,经济持续稳定发展的基础尚不稳固。上海将全面贯彻落实党的十九大精神,继续推进全市"十三五"规划确定的各项工作目标,坚定信心,奋勇前行,加速培育新的经济增长点,持续扩大对外开放,强化风险防范,促进经济持续健康发展。

上篇　2017 年上海经济形势回顾

一、 2017 年上海经济运行基本情况

　　2017 年以来,上海经济在面临房地产调控加码、金融监管政策收紧和汽

车购置税优惠减少等因素的冲击下,依然保持了平稳运行、稳中有进、稳中向好的增长态势。

1. 经济运行稳中向好

初步核算,前三季度,上海完成地区生产总值 21 617.52 亿元,按可比价格计算,比上年同期增长 7.0%,增速同比提高 0.3 个百分点,高于全国 0.1 个百分点。其中,第一产业增加值 53.89 亿元,下降 9.2%;第二产业增加值 6 660.45 亿元,增长 8.1%;第三产业增加值 14 903.18 亿元,增长 6.6%。第三产业增加值占全市生产总值的比重为 69.0%。

前三季度,上海经济运行主要呈现三个方面的特点:一是经济增长态势良好。从走势看,2017 年以来,经济增速逐季提高,回升态势明显好于全国。二是主要指标表现明显好于预期。工业增加值、商品销售总额增速逐季提高,股票成交额实现增长,新建商品房销售面积降幅扩大态势得以遏制。三是经济发展的稳定性和协调性不断增强。前三季度,全市经济保持中高速增长,增速连续十个季度保持在 6.7%～7.0%的区间,表现出较强的韧性,稳的基础进一步巩固;第二产业和第三产业,消费、投资与出口,实体经济与虚拟经济之间的均衡性明显提高。

表 1　2011 年以来全国和上海 GDP 累计增速

单位:%

	2011 年	2012 年	2013 年	2014 年	2015 年	2016 年	2017 年 1 季度	2017 年 上半年	2017 年 前三季度
全国	9.5	7.9	7.8	7.3	6.9	6.7	6.9	6.9	6.9
上海	8.2	7.5	7.7	7.0	6.9	6.9	6.8	6.9	7.0

2. 生产领域:工业生产较快增长,服务业发展势头良好

2017 年以来,随着国内外市场回暖,供给侧结构性改革深入推进,上海工业生产持续较快增长,明显好于预期。1～11 月,实现工业(规模以上口径,下同)总产值 30 807.39 亿元,由上年同期的同比持平转为增长 7.7%;工

业增加值增长 8.0％（见图 1）。从走势看,在汽车、电子信息等行业生产较快增长以及上年同期基数较低等因素的共同作用下,工业生产 1 季度实现开门红,2、3 季度增速持续加快,明显好于预期;进入 10 月份快速回升的势头开始放缓,但整体态势仍然较好。从主要行业看,1～11 月,六个重点行业完成工业总产值 21 222.62 亿元,增长 9.9％,增速同比提高 8.9 个百分点。各行业生产从上年同期的"四降两升"转为"全面增长"。其中,汽车制造业和电子信息产品制造业总产值分别增长 19.6％和 9.8％（见表 2）。

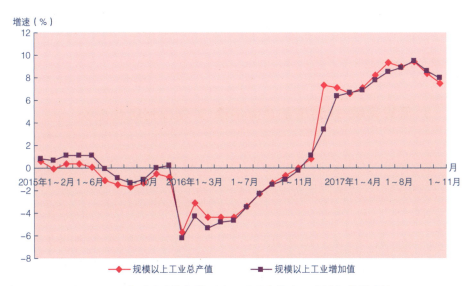

图 1　2015 年以来上海规模以上工业总产值和工业增加值增速情况

表 2　2017 年 1～11 月六个重点行业工业总产值及增长情况

行　业	工业总产值(亿元)	同比增长(％)
规模以上工业总产值	30 807.39	7.7
＃六个重点行业工业总产值	21 222.62	9.9
电子信息产品制造业	5 934.02	9.8
汽车制造业	6 142.62	19.6
石油化工及精细化工制造业	3 447.60	2.2
精品钢材制造业	1 173.37	2.3
成套设备制造业	3 563.67	4.5
生物医药制造业	961.33	8.0

前三季度，上海第三产业增加值比上年同期增长 6.6％，占 GDP 的比重为 69.0％。服务业主要行业发展分化态势逐步弱化，向好趋势明显。批发零售业、交通运输业和信息技术服务业增长总体平稳。前三季度，批发和零售业增加值 3 084.68 亿元，增长 6.2％，增速比上半年提高 0.2 个百分点；交通运输、仓储和邮政业增加值 1 008.6 亿元，增长 11.6％，增速回落 0.2 个百分点；信息传输、软件和信息技术服务业增加值 1 344.88 亿元，增长 13.7％，增速提高 0.2 个百分点。金融业增速有所提高。前三季度，金融业增加值 3 746.88 亿元，同比增长 11.0％，增速比上半年提高 0.5 个百分点。房地产业降幅收窄。前三季度，房地产业增加值 1 229.72 亿元，同比下降 15.1％，降幅比上半年收窄 2.4 个百分点。

3. 需求领域：内需增长总体平稳，外需保持较快增长

1～11 月，上海完成固定资产投资 6 166.43 亿元，比上年同期增长 6.9％（见图 2），增速同比提高 1.4 个百分点。从投资产业看，第二产业投资 875.45 亿元，增长 5.2％；第三产业投资 5 289.97 亿元，增长 7.2％，占固定资产投资总额的比重为 85.8％。从投资领域看，房地产开发投资 3 412.34 亿元，增长 3.0％，增速同比回落 3.0 个百分点；工业投资 873.60 亿元，增长 5.4％，已经连续 4 个月保持同比增长；城市基础设施投资 1 388.52 亿元，增长 11.8％。从投资主体看，非国有经济投资 4 377.43 亿元，增长 2.3％，其中，民间投资增长 13.9％；国有经济投资 1 789.00 亿元，增长 20.0％。

1～11 月，上海实现社会消费品零售总额 10 767.39 亿元，比上年同期增长 8.1％，增速同比提高 0.3 个百分点。从行业看，批发和零售业零售额 9 836.84 亿元，增长 8.1％；住宿和餐饮业零售额 930.55 亿元，增长 7.6％。从零售商品类别看，部分与消费升级相关商品交易比较活跃。通信器材类、体育娱乐用品类和化妆品类零售额同比分别增长 61.7％、26.9％和 20.2％；服装、日用品等基本生活类商品平稳增长，粮油食品类和服装鞋帽针织品类零售额分别增长 13.9％和 17.3％；汽车类商品零售额略有增长，增长 0.7％；

家用电器和音像器材类商品受房屋成交量大幅下降影响,零售额下降 33.2%。从零售业态看,无店铺零售额 1 676.80 亿元,增长 10.7%。其中,网上商店零售额 1 330.31 亿元,增长 10.9%,占社会消费品零售总额的比重为 12.4%,同比提高 1.0 个百分点。

　　1～11 月,上海货物进出口总额 29 370.67 亿元,增速同比提高 13.7 个百分点。其中,进口总额 17 446.34 亿元,增长 18.7%;出口总额 11 924.33 亿元,增长 9.3%。出口结构呈现以下特点:一是加工贸易快于一般贸易。加工贸易出口额增长 13.2%,增速快于一般贸易出口额 3.5 个百分点。二是私营企业和外商投资企业出口额快于国有企业。私营企业和外商投资企业出口额分别增长 14.9% 和 8.9%,国有企业出口额增长 4.0%。三是机电产品和高新技术产品出口比重提高。机电产品出口占全市出口总额的 70.8%,比重同比提高 1.0 个百分点;高新技术产品出口占 43.5%,提高 1.1 个百分点。

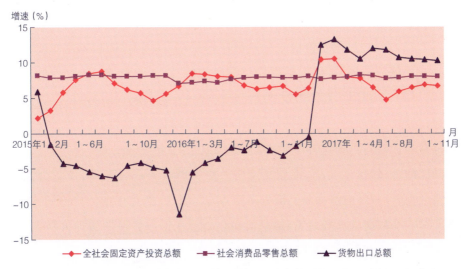

图 2　2015 年以来上海固定资产投资总额、社会消费品零售总额、货物出口额增速

4. 财政金融:财政收入增势放缓,货币信贷运行平稳

　　1～11 月,上海一般公共预算收入 6 357.23 亿元,比上年同期增长 8.7%,

增速同比回落 10.2 个百分点。主要税种中,增值税完成收入 2 339.37 亿元,增长 14.4%;企业所得税完成收入 1 397.73 亿元,增长 4.9%;个人所得税完成收入 644.86 亿元,增长 16.7%;契税完成收入 255.22 亿元,下降 19.3%。分产业看,第三产业实现收入同比增长 3.7%;第二产业实现收入增长 28.3%,对全市一般公共预算收入的贡献率为 66.1%。

11 月末,上海中外资金融机构本外币各项存款余额 113 797.46 亿元,比上年同期增长 3.4%;各项存款较年初增加 3 286.48 亿元,同比少增 3 020.05 亿元。其中,非银行业金融机构存款较年初减少 2 264.86 亿元。11 月末,各项贷款余额 66 781.38 亿元,同比增长 12.2%;各项贷款较年初增加 6 799.13 亿元。其中,非金融企业及机关团体本外币贷款增加 3 895.90 亿元,同比多增 3 639.87 亿元;个人贷款新增 2 831.55 亿元,同比少增 1 079.07 亿元,主要是个人住房贷款增长放缓。

5. 价格领域:居民消费价格温和上涨,工业生产者价格涨幅回

1～11 月,居民消费价格比上年同期上涨 1.7%,涨幅同比回落 1.5 个百分点。从单月走势看,居民消费价格同比涨幅呈高开、快落、后稳态势,受"双节"和上年翘尾因素的影响,1 月份高位开局,2 月份开始快速回落,之后平稳运行在 1.0%～2.0% 区间,总水平为五年来低位。从两大分类看,服务和消费品价格同比涨幅均有所回落。1～11 月,服务价格同比上涨 2.3%,涨幅同比回落 2.3 个百分点;消费品价格上涨 1.2%,涨幅回落 1.0 个百分点。从八大类看,居民消费八大类价格同比齐升。其中,医疗保健类价格同比上涨 6.9%,涨幅居八大类之首;居住类价格上涨 1.9%;食品烟酒类价格上涨 1.2%。以上三类是拉动 CPI 上行的主要因素。

1～11 月,工业生产者出厂价格比上年同期上涨 3.5%,涨幅同比提高 5.0 个百分点;工业生产者购进价格上涨 9.1%,涨幅提高 12.3 个百分点。从近年价格走势看,上海工业生产者价格从 2012 年 1 月进入同比下降通道,2014 年下半年开始,同比降幅持续扩大;2015 年,同比维持在低位运行;2016 年,同比降幅持续收窄,至 10 月,同比首次转为上涨;2017 年,1～3 月

同比涨幅逐月冲高,4～7 月逐月回落,8 月开始再次走高,全年呈现出"N"型
走势(见图 3)。

图 3　2015 年以来上海居民消费价格指数和工业生产者价格指数月度走势

二、 上海经济转型成效继续显现

2017 年,上海坚持以提高发展质量和效益为中心,以推进供给侧结构性
改革为主线,以自贸试验区改革为突破口,以科技创新中心建设为重要载
体,深入推进创新驱动发展、经济转型升级。全市经济结构、质量和效益进
一步改善,改革创新取得新突破。

1. 供给侧结构性改革持续深化,经济发展质量效益稳步提升

(1) 供给侧结构性改革持续深化

2017 年以来,上海坚持以推进供给侧结构性改革为主线,紧密结合实际
深入推进"三去一降一补"任务,各项工作取得积极进展。去产能扎实推进。
预计全年完成产业结构调整项目超过 1 300 项,实施桃浦二期等重点区域调
整 17 个,实现低效建设用地减量 8 平方公里左右。杠杆率稳步下降。推动

上海企业利用资本市场优化财务结构,11月末,规模以上工业企业资产负债率为49.2%,明显低于全国平均水平。企业成本负担进一步降低。落实了新一轮降低企业负担方案,全年新增减负超过500亿元;着力降低制度性交易成本,全面实行"多证合一、一照一码"。补短板步伐加快。重点围绕城市管理、环境治理领域的薄弱环节,持续推进"五违四必"区域环境综合整治,全面展开中小河道综合整治,狠抓综合交通整治,各项重点工作有力有序有效推进。

(2) 企业利润呈现较快增长

一是工业企业利润显著提高。2017年以来,在生产回升、产品结构调整和价格等因素的带动下,上海工业利润实现了快速增长。1～11月,规模以上工业企业利润总额比上年同期增长10.2%,已经连续16个月保持增长。其中,石化、钢铁和电子行业利润总额分别增长59.8%、31.3%和27.5%。主营业务利润率为8.5%,高于全国2.1个百分点,也明显高于沿海其他主要省市。与此同时,工业企业亏损面持续下降,由年初的40.3%下降至24.6%。二是服务业企业利润较快增长。1～11月,服务业(包括社会服务业、交通运输及房地产中介)企业营业收入同比增长10.5%,营业利润增长8.0%。尤其是"互联网+"行业一直保持较好发展。1～11月,互联网和相关服务业、软件和信息技术服务业利润分别增长9.1%和53.1%。

(3) 财政收入实现平稳增长

2017年,上海财政收入在上年同期高基数和营改增减收等不利因素的影响下,保持平稳增长。1～11月,全市一般公共预算收入比上年同期增长8.7%,好于预期。实体经济对财政收入贡献作用明显增强,1～11月,工业、商业实现一般公共预算收入分别增长35.0%和19.2%。六大重点工业行业收入均实现两位数增速,以全市1/3的收入总量贡献了全市超过95%的收入增量。

(4) 民生福祉稳步提升

居民收入增速提高。据抽样调查,前三季度,上海居民人均可支配收入44 360元,比上年同期名义增长8.5%,扣除价格因素,实际增长6.7%,增速同比提高1.3个百分点。其中,城镇常住居民人均可支配收入46 839元,名义增长 8.5％,扣除价格因素,实际增长 6.7％;农村常住居民人均可支配收入 23 006 元,名义增长 9.0％,扣除价格因素,实际增长 7.2％。城乡收入比由上年同期的 2.05∶1 缩小为 2.04∶1。

就业形势保持稳定。1～11 月,上海新增就业岗位 57.73 万人,已提前完成全年目标。截至 11 月底,城镇登记失业人数为 22.12 万人,同比减少 1.12 万人,继续控制在 24 万的目标范围内。

(5) 生态环境质量持续改善

第六轮环保三年行动计划全面完成,大气、水污染治理取得实效。全年全市 PM2.5 平均浓度为 39 微克/立方米左右,比第六轮环保三年行动计划基准年(2014 年)下降 25％左右。全年空气质量优良率为 75.3％左右。1～11 月,主要河流断面水环境功能区达标率为 58.3％,比 2014 年同期提高 35.9 个百分点;劣 V 类水质断面占比为 18.9％,下降 43.3 个百分点。绿色低碳发展取得新进展,前三季度单位 GDP 能耗同比下降 5.1％,降幅同比扩大 2 个百分点。

2. 新兴动能不断成长,市场活力稳步提升

(1) 新产业新产品加快发展

高新技术产业和战略性新兴产业较快增长。1～11 月,上海完成高技术产业工业总产值 6 505.89 亿元,比上年同期增长 10.4％,增速高于全市工业总产值 2.7 个百分点。战略性新兴产业制造业部分总产值 9 450.96 亿元,同比增长 6.3％,占全市工业总产值的比重为 30.7％,同比提高 4.0 个百分点,其中,新能源汽车、新一代信息技术和生物医药总产值分别增长 41.5％、8.3％和 8.0％(见表 2)。

工业新产品产量持续较快增长。1～11 月,上海工业产品产量中,工业机器人产量同比增长 95.6％,运动型多用途乘用车(SUV)增长 80.3％;3D 打印设备、锂离子电池、新能源汽车、多功能乘用车(MPV)等工业新产品产量也实现快速增长。

表 2　2017 年 1～11 月上海战略性新兴产业制造业总产值及增长情况

行　业	总产值(亿元)	同比增长(%)
战略性新兴产业制造业	9 450.96	6.3
新能源	305.07	2.4
高端装备	2 141.24	3.5
生物医药	961.33	8.0
新一代信息技术	3 313.70	8.3
新材料	2 228.14	3.7
新能源汽车	195.35	41.5
节能环保	512.29	6.7

(2) "互联网＋"成为产业发展新常态

互联网相关产业快速发展。1～11 月,上海规模以上社会服务业中,信息传输、软件和信息技术服务业实现营业收入 3 481.74 亿元,比上年同期增长 13.0%,增速同比提高 1.1 个百分点;实现营业利润 525.71 亿元,增长 27.3%。其中,互联网和相关服务业营业收入 233.97 亿元,下降 0.8%,降幅收窄 1.9 个百分点,营业利润增长 10.9%。

电子商务发展势头不减。1～11 月,上海电子商务交易额比上年同期增长 21.8%,增速同比提高 0.1 个百分点。全市网络购物交易额增长 30.9%,随着互联网＋生活性服务业的快速发展,网上服务消费交易额大幅增长 39.5%,增速快于商品类网络购物交易额 16.3 个百分点。

(3) 民营经济活力稳步提升

激发民间资本参与投资的政策持续显现。1～11 月,上海固定资产投资中,民间投资 2 384.31 亿元,比上年同期增长 13.9%,增速同比提高 3.4 个百分点,占投资总额的比重为 38.7%,同比提高 2.4 个百分点。民营企业进出口增长较快。1～11 月,民营企业进出口额增长 17.6%,是增长最快的企业类型,规模占全市进出口总额的 18.8%,比重比上半年提升 0.1 个百分点,市场主体活力进一步增强。

3. 自贸试验区和科创中心建设取得新突破,服务"一带一路"建设加快推进

(1) 自贸试验区全面深化方案实施

上海自贸试验区全面深化方案确定的改革任务逐步推进落实,"三区一堡"建设加快推进,全国首张金融服务业对外开放负面清单即《中国(上海)自贸试验区金融服务业对外开放负面清单指引(2017 年版)》编制并发布,国际贸易"单一窗口"3.0 版上线运行。1～10 月,自贸试验区完成工业总产值 4 025.09 亿元,比上年同期增长 18.8%,增速明显高于全市。外商直接投资实际到位金额 58.55 亿美元,比上年同期增长 4.1%,占全市的比重达 41.3%。外贸进出口总额 11 000.00 亿元,增长 15.9%。跨境人民币结算金额 10 142.20 亿元,增长 8.8%。

(2) 科创中心建设取得新进展

张江综合性国家科学中心建设全面启动,张江科学城规划发布实施,张江实验室揭牌成立。研发与转换功能型平台加快布局,微技术工业研究院等 5 个平台建设成功启动。一批引领产业发展的重大战略项目和基础工程开始实施,C919 大型客机实现首飞,"国家海底科学观测系统"落地上海。成功举办 2017 年全国"双创"活动周上海主会场活动。"人才 30 条"逐步落实,截至 10 月底,累计新办海外居住人才居住证 3 778 人,其中 2017 年 1～10 月新增 1490 人。

(3) 服务国家"一带一路"建设加快推进

上海服务国家"一带一路"建设发挥桥头堡作用行动方案发布,中国国际进口博览会落户上海。1～11 月,上海与"一带一路"沿线国家货物贸易额比上年同期增长 20.3%,承包工程营业额增长 41.3%。

三、 上海经济运行中存在的困难和问题

2017 年,上海经济虽然呈现了平稳向好态势,创新转型的步伐也在持

续；但必须看到，当前经济增长企稳回升的基础仍较薄弱，有待突破的瓶颈和深层次矛盾仍然较多。

1. 工业生产持续回升的基础仍不牢固

工业基本面转好是 2017 年上海经济稳中向好的决定性因素，但短期内，工业生产延续向好态势的难度较大。

一是新兴行业对工业增长的贡献有待提升。当前上海工业经济的增长动力结构仍较单一，其中汽车制造业和电子信息两大行业起到了主要的拉动作用。但是，受周期性驱动减少、市场波动增加以及基数较高等影响，这两个行业对工业增长的支撑力或将减弱。2017 年以来，虽然战略性新兴产业制造业增速同比有所提高，但仍低于全市工业平均增速，与深圳、北京等省市相比，存在明显差距。2016 年，上海战略性新兴产业对 GDP 增长贡献率为 11.7%，而深圳、北京都达到了 50% 左右。

二是部分下游行业成本上升导致实体经济运行困难加大。2017 年以来，上海工业品价格持续呈现"剪刀差"。1～11 月，工业生产者购进价格比上年同期增长 9.1%，而工业生产者出厂价格仅增长 3.5%。出厂价格和购进价格的"剪刀差"与年初相比并未明显缩小，这进一步挤压了下游企业盈利空间，且加剧了实体经济的成本上涨。1～11 月，精品钢材制造业利润总额增长 31.3%，石油化工及精细化工制造业利润也增长 59.8%，均远远高于工业企业利润总额 10.2% 的整体增速。这反映出上游产业利润高增长的背后，是下游企业为高涨的原材料价格等不断增加支出的代价。由于能源行业利润大增，相关下游企业面对"高进低出"的价格时利润显著减少，制约了部分企业技术改造和研发投入。前三季度调查显示，关于制造业企业在生产经营和采购活动中遇到的困难，"原材料成本上涨"成为继"劳动力成本上涨""运输成本上涨"后的重点受关注问题。

三是投资增长乏力制约经济后续发展空间。伴随上海工业转型升级，工业投资基本上处于下行阶段，1～11 月虽然比上年同期增长 5.4%，但其中技改投资占比达到 60% 以上，新项目特别是大项目储备仍然不足，工业投资增长的可持续性仍有待观察。工业投资占固定资产投资的比重仅为 14.2%，比五年前下降 10 个百分点左右。不仅如此，上海利用外资在持续多年高速增长后，面临全球外资环境的转变，也出现了持续下降。1～11 月，外商直接投资实际到位金额中，工业实到金额仅为 8.14 亿美元，占总量的 5.2%，比重较前些年显著下降。因此，无论从内资还是外资看，上海实体经济投资增长相对乏力，不利于实体经济的新旧动能接续转换，实体经济后续发展空间受到一定程度制约。

2. 利用外资持续下降

1～11 月，上海外商直接投资合同项目比上年同期下降 9.5%，外商直接投资合同金额和实际到位资金额分别下降 22.1% 和 7.6%，短期内利用外资实现增长的难度较大。当前上海利用外资出现双降的主要原因有：

一是全球跨国投资整体低迷，各国招商引资竞争日趋激烈。联合国贸发会议《世界投资报告 2017》显示，全球 FDI 在金融危机前的 2007 年达到历史峰值后总体处于低迷期，2016 年全球 FDI 流量下降 2%，其中发展中经济体下降 14%。受此影响，尽管中国市场和上海投资环境仍然被外资看好，但吸引外资维持增长的难度加大。

二是上海吸引外资的模式和领域悄然变化，一定程度上影响了外资规模。随着上海产业结构的不断调整、自贸试验区改革措施的深入实施，全市引进外资的领域、方式都在发生变化，总部经济、研发、互联网＋、金融、高端制造等领域利用外资占比在增加，而房地产、劳动密集型行业和一般制造业利用外资大幅下降，短期内将对引资规模的持续增长造成较大影响。1～11 月，制造业实际利用外资在连续下降两年的基础上，同比又下降 60.7%，占全市实到外资的比重从 2015 年的 13.5% 回落至 5.1%。房地产业受市场调控的影响，实际利用外资下降 40.2%，占全市实到外资的比重回落至 14.3%。

3. 重点领域的潜在风险不容忽视

从金融领域看，目前上海金融风险总体可控，但以 P2P 为代表的准金融、类金融活动引发的非法集资风险,仍处在多发易发的风险暴露期。各类非法集资活动更加复杂化,线上与线下结合,本地与外地关联,新老案件交织,案件处置和集访维稳压力进一步加大。从房地产市场分析,目前上海房地产市场调控尽管取得了阶段性成效,二手房价格出现松动迹象,但部分区域楼板与房价出现倒挂,一、二手房价格出现倒挂,消费者和开发商对房价上涨的预期仍较强,开发商捂盘惜盘行为较为普遍,以价换量动力明显不足,稳定房价地价、防止房地产市场出现大的起落任务仍较重。

下篇 2018 年上海经济形势展望

一、 2018 年上海经济面临的国内外环境

1. 全球经济:复苏态势明朗,不确定性尚存

(1) 全球经济全面复苏势头明朗

2016 年下半年以来,全球经济逐步摆脱持续六年低速运行的态势,2017 年以来企稳向好迹象更趋明显,复苏态势得到巩固。国际货币基金组织(IMF)在 10 月 10 日发布的报告中预计 2017 年全球经济增速上升至 3.6%,比 2016 年提高 0.4 个百分点。

一是主要经济体同步回升。2017 年以来发达经济体、新兴经济体正经历多年未有的同步复苏局面。IMF 预计,2017 年发达经济体、新兴经济体增速分别为 2.2% 和 4.6%,分别比 2016 年提高 0.5 个和 0.3 个百分点。世界银行认为,在当前制造业和贸易回暖,市场信心提升,有利的全球金融环境和趋于稳定的大宗商品价格背景下,发达经济体增速有望提升至 1.9%,新兴市场与发展中经济体增速有望从 2016 年的 3.5% 提升至 4.1%。经济合作与发展组织(OECD)11 月 28 日预计,2017 年全球 GDP 将增长 3.6%,比 9 月份的预期上调 0.1 个百分点。同时,该组织追踪的所有 45 个国家在 2017 年都有望实现经济增长,其中 33 个国家的增速将快于 2016 年,这是

2007年以来所有45个国家第一次全都实现经济增长，也是2010年以来经济增速加快国家数量最多的一次。

二是全球贸易走出谷底。随着全球经济增长预期改善，2017年以来全球贸易形势也呈现复苏回暖势头，相关国际组织对全年贸易增长趋于乐观。世界贸易组织（WTO）报告显示2017年3季度全球贸易景气指数已回升至2011年4月以来最高值，预计2017年全球贸易增长3.6%，为近年来首次快于全球经济增速。

从2018年全球经济走势看，初步判断全球经济仍将延续稳步复苏势头，主要经济体增长前景将继续好转，IMF、OECD和联合国分别预计2018年全球经济增速为3.7%、3.6%和2.9%，分别比2017年提高0.1、0.1和0.2个百分点。

（2）不确定因素仍然存在

一是经济复苏力度与此次金融危机之前相比仍然较弱。目前全球经济增长，主要还在靠发达国家的宽松货币政策与新兴市场国家的加杠杆行为来支撑，内生增长动力并不乐观。当前发达经济体的经济复苏，与低利率与量化宽松政策密不可分。此外，无论是发达国家还是新兴市场国家，均面临劳动生产率增速不断下滑的困境。同时，已经融入全球化的发达国家与新兴市场经济体还面临人口年龄结构老化、实物资本投资效率下降、技术进步与技术扩散速度放缓等困境。这些都显示出过去支撑全球经济增长的主要动力正在衰退，而新的增长动力不明显。

二是全球贸易保护主义、孤立主义再抬头。发达国家收入分配失衡，助长保守主义、民粹主义思潮，一些国家试图采取贸易限制措施解决国内经济面临的问题，全球范围内贸易摩擦明显增多。2017年8月美国正式对中国发起"301调查"，将调查中国政府在技术转让、知识产权、创新等领域的实践、政策和做法。根据WTO、OECD、联合国贸发会议2017年6月30日共同发布的《二十国集团贸易投资措施报告》，中国目前仍然是贸易救济调查的最大目标国。贸易战的爆发实质是在削弱增长较快经济体对于全球其他经济体的外溢效应。

三是特朗普政策的不确定性影响国际贸易正常发展。特朗普上台带来很大的政策不确定性,呈现出强烈的国内问题国际化的民粹主义倾向。现行相关国际贸易协定面临被废止的命运,业已建立的全球供应链有可能被特朗普"工作回流美国"的号召所打乱,这将进一步阻碍全球生产效率的提高。综上所述,还很难确定世界经济已完全走出危机。

2. 国内经济:有望保持平稳运行,加快推动新时代经济"从量到质"的转变

(1) 国内经济有望保持平稳运行,增长韧性增强

展望 2018 年,国内经济既有维持较快增长的动力,也面临一定的下行压力。全球经济稳步复苏、部分制造业投资回升等因素将为经济保持平稳增长提供一定支撑,但"防风险"下货币政策稳健、PPP 治理抑制地方债务扩展和环保限产等供给侧改革因素将可能抑制经济扩张动能。因此,预计 2018 年经济增速将略有回落,但仍会处于 6.5% 左右的合理区间,总体有望保持平稳增长态势。

经济增长韧性持续增强。一方面传统增长动力依然有较强支撑,另一方面新动能也在得到持续增强。从传统动力看,尽管固定资产投资有一定的回落趋势,但 2017 年 1～11 月本年购置土地面积同比增长 16.3%,表明后期房地产投资增长仍有较强基础。财政政策仍可能保持相对宽松。1～11 月,固定资产投资中国家预算内资金增长 9.5%,基础设施投资增长 20.1%,均保持较快增长态势。消费增长保持平稳,前三季度最终消费支出对经济增长的贡献率达到 64.5%,比上年同期提高了 2.8 个百分点。从新动能看,通信、仪表、电气机械等领域投资维持较高增长,战略性新兴产业也在保持快速发展。1～11 月,高技术制造业投资同比增长 15.9%,远高于整体投资增长水平;高技术服务业投资增长 15%。高技术制造业增加值增长 13.5%,增速快于规模以上工业 6.9 个百分点。前三季度,战略性新兴服务业营业收入比上年同期增长 17.5%。

(2) 推动经济增长"从量到质"转变,培育新动能仍需持续推进

党的十九大报告指出我国经济发展"更加突出的问题是发展不平衡不充

分"。从经济结构看,2017 年前三季度,第三产业占 GDP 比重达到 52.9％,略高于上年同期水平,但仍低于中高收入国家 2016 年 59％和经合组织国家 2016 年 74％的水平。居民消费占比依然偏低,2016 年居民消费支出占 GDP 的比重只有 39.2％,低于中高收入国家以及经合组织国家平均 50％～60％的水平。从科技创新看,2017 年前三季度,专利申请量达到了 248 万件,在公布的 2017 年全球创新指数排名中排名第 22 位,科技创新持续推进,但全要素生产率中技术进步贡献率仍相对偏低。

因此,正如十九大报告提出"要在继续推动发展的基础上,着力解决好发展不平衡不充分问题,大力提升发展质量和效益"。目前中国经济的发展已经从过去的高速增长阶段,转向高质量发展阶段。高质量发展内涵非常丰富,不仅仅局限于增速的变化,更多地扩展到经济发展的质量、结构调整的推进、新旧动能转换的程度、发展方式的变化、总体质量效益的提高以及生态发展等,内涵较以往更加丰富。因此,未来一段时期内,政策更加关注的经济增长质量和效益将进一步改善,供给侧结构性改革与新发展理念对宏观经济的积极效应将更加明显。

二、 2018 年上海经济增长趋势预测

2018 年,上海经济发展将面临一系列重大机遇和有利条件:国际国内经济回稳向好将为全市经济发展提供有利外部环境;全面贯彻落实的十九大精神将为国内经济社会注入强大动力;国家大幅度放宽金融业外资准入将为国际金融中心建设带来重大机遇;探索建设自由贸易港、筹备举办首届中国国际进口博览会也将催生新的经济增长点和新动能。同时,上海经济发展不平衡不充分矛盾和突出问题仍然存在,创新转型任重道远。综合判断,预计 2018 年上海将继续保持平稳增长。

1. 工业生产仍将平稳增长

随着上海工业大力推动供给侧结构性改革,产业结构升级取得初步成

效,新动能逐步显现,稳增长的积极因素不断积累。从工业经济先行指标看,2017 年 11 月,制造业采购经理指数为 52.7(见图 4)。同时,得益于产品结构优化,新动能加速增长。2017 年以来,新动能较为集中的计算机、通信和其他电子设备制造业、专用设备制造业、仪器仪表制造业、其他制造业、医药制造业等行业生产、利润均实现同步增长,将进一步巩固 2018 年上海工业经济增长的基础。预计 2018 年上海工业有望实现平稳增长。

指数(点)

图 4 2015 年以来上海制造业采购经理指数走势

从具体行业看,汽车制造业增速将有所回落。汽车行业市场竞争力将进一步提升,但由于国家乘用车购置税优惠政策到期退出,政策拉动效果有所减弱,国内乘用车细分市场的竞争将加剧,预计上海汽车制造业生产增速将低于 2017 年。生物医药制造业产销形势总体较好。随着上海医药制造企业研发新药能力的增强,2018 年上海生物医药制造业仍将有一批新型药物和医疗器材产品推出,在国内自费药、高价药和慢性病用药等市场份额有望扩大。成套设备制造业形势好转。其中,在政策利好的推动下,工业机器人、智能制造领域、节能环保等新兴制造领域仍将实现快速增长;高技术船舶等海洋工程制造领域有望走出行业低谷,生产企稳回升。精品钢材制造业产品结构调整加快。随着全国供给侧结构性改革的深入,预计上海钢铁企业将根据国内用钢结构的变化,进一步加快产品结构调整。石油化工及精细化工制造业产品价格变化需要关注。电子信息制造业有望实现增长。2018 年,上海电子信息制造业仍处于新旧动能转换,传统产业升级的关键时期。集成电路制造行业新项目产能尚未释放,生产持平或小幅增长的可能性较大;而电子产品代加工产能向中西部地区转移仍将延续,电子代工行业生产的不确定因素增多。

2. 消费品市场保持平稳增长

上海商业已进入转型升级的关键阶段,创造新供给、满足新需求和推动消费升级仍是商贸发展的主线。2018 年,上海消费品市场面临的有利因素较多:一是实体商业积极转型,消费重点呈现出从实物性消费向服务性消费转移的趋势;二是跨境电商发展将有效减缓消费外流势头。从中长期来看,消费品市场发展还面临一些不确定性因素的影响。一是电商巨头和实体企业纷纷试水新业态,"新零售"成燎原之势尚需时日;二是居民消费逐步升级,但改善性消费需求释放并不稳定,从 2017 年以来的零售情况来看,食品、衣着等基础消费品仍是零售市场增长最大的稳定器;三是零售业渠道下沉到三四线城市,很大程度分流了上海零售额;四是零售企业经营困局仍旧存在,并承接来自上游制造业的供需失衡压力。零售环节的滞销和经营欠佳,除了实体零售企业自身经营方式滞后的原因,同时还因为其承担着从生产制造环节传导过来的供需失衡压力。综合考虑以上因素,预计 2018 年社会消费品零售总额增速将保持在 7.0%左右。

3. 固定资产投资有望小幅增长

从信心指数看,根据上海固定资产投资意向调查结果编制的 2017 年上海固定资产投资者信心指数为 122.50 点,继续维持高位运行态势;但由于房地产调控政策影响房地产开发投资等因素,造成投资者信心指数比上年回落 2.36 点。从投资预期看,众多投资者对 2018 年上海固定资产投资环境的改善也充满信心。从调查结果看,有 24.6%的调查单位认为 2018 年上海固定资产投资环境好于 2017 年,这一比例比 2016 年调查结果显著提高 3.8 个百分点;而认为 2018 年投资环境不如 2017 年或难以判断的分别为 6.0% 和 18.6%,同比下降 2.9 个和 0.3 个百分点。从固定资产投资意向调查结果看,在 2017 年有固定资产投资行为的 657 家调查单位中,表示 2018 年将会继续保持或者增加固定资产投资规模的单位有 460 家,占 70.0%,比例比 2016 年调查结果提高 1.0 个百分点;在 2017 年未发生固定资产投资的 750 家调查单位中,表示 2018 年将增加投资的单位有 124 家,占 16.5%,比例下降 3.0 个百分点。综合判断,预计 2018 年上海固定资产投资将小幅增长。

4. 外贸进出口规模基本稳定

上海对外贸易回稳向好态势不变,外贸发展正处在结构调整、新旧动能接续转换的关键阶段,在稳定规模、调整结构的基础上,初步预计,2018 年年初上海进出口增长会因为春节因素有波动,全年进出口规模基本保持平稳。

5. 居民消费价格上涨压力较大

推动 2018 年居民消费价格上行的因素依然存在:一是食品类价格波动升高的趋势基本不变,其中,鲜菜价格将延续震荡上行态势,在外餐饮价格在农产品价格长期高位运行及服务价格刚性走高双重推升下,仍存逐步攀升之势;二是上海房市继续受多项房地产政策调控下,房地产价格涨势得以有效控制,但住房租金价格走高的潜在可能依旧存在,对 2018 年上海 CPI 存在隐性上拉动力;三是服务成本刚性因素仍将进一步助推教育、劳务等价格显著、持续上扬;四是国内工业品出厂价格(PPI)环比连续多月快速走高,上游产品价格的持续上升一定程度带动工业消费品价格不断走高。同时,平抑物价的因素主要有:一是 2017 年国际大宗商品价格(CRB 指数)低位运行,1～10 月同比下降 1.1%,如不出现特殊状况,对我国输入性通胀压力较低;二是 2018 年国内货币政策大范围放宽的可能性较小,货币供应引起的物价波动风险有限；三是稳定物价一直是我国各级政府的重点工作，相关优惠补贴政策仍将继续执行，这将对市场价格平稳健康运行起到积极作用。综合预判，2018 年上海居民消费价格涨幅总体将保持稳定。

三、 2018 年上海经济发展的对策建议

本书前几辑对上海经济发展提出了一系列政策建议，其中有些建议对上海经济平稳向好发展发挥了积极作用。2018 年，上海将全面贯彻落实党的十九大精神，继续推进全市"十三五"规划确定的各项工作目标，坚定信心，奋勇前行。对此，本书在继续维持前几辑中各项政策建议的基础上，结合 2018 年上海经济形势的要求，提出如下建议：

1. 强化发展实体经济导向，保持工业回稳向好势头

（1）着力提升制造业能级

一是加快工业领域的技术创新。扎实推进工业强基工程。推动一批核心元器件、零部件、先进工艺和关键材料实现工程化、产业化突破。聚焦战略性新兴产业的重点领域，在信息技术、生物医药、高端装备等领域布局重大科技专项，重点突破亟须解决的基础技术瓶颈。二是积极促进工业新兴产业发展。积极谋划建设一批符合产业革命大趋势、贡献大、带动性强的战略性重大产业项目。加大工业投资力度，重点聚焦大飞机、智能汽车和新能源汽车、智能制造与机器人、深远海洋工程装备等重大产业创新战略项目。结合全球科技创新中心建设，围绕产业链部署创新链，提前布局一批新兴行业和潜力行业，尽快形成产业发展新动力，推动实体经济特别是制造业的繁荣强大。三是推动工业向高附加值环节延伸。推动"上海制造"质量和品牌建设。打造检验检测、质量和标准化等公共服务平台，把好"上海制造"的质量关。借鉴"浙江制造"品牌建设经验，支持建设区域标准、创新认证模式、开展品牌营销、培育品牌运营评估的专业服务机构，引导企业重视品牌建设，积极培育一批"上海制造"知名品牌，提升产品附加值。

（2）强化郊区发展先进制造业导向

优化增值税等收入市区分成机制，提高制造业税收区级分享比例，调动郊区和工业园区发展先进制造业的积极性。在加强对全市招商引资工作的引导和统筹的同时，要加强市区联动和市场化、专业化招商。围绕重大项目，依托品牌园区、行业领军企业和优秀团队，针对产业链关键环节和薄弱环节，整合各类资源，开展委托招商、联盟招商、以商引商、引进优质实体经济项目、"四新"经济企业和功能型机构。

（3）加强企业服务工作

帮助企业解决规划、土地、环保、融资等实际问题。抓紧认定195、198区域和战略预留区内列入目录管理的企业名单，有针对性地支持重点企业实施技术改造。研究完善危废处理设施布局规划，提升部分园区危废处理能力。进一步发挥好财政部门财政性融资担保基金四两拨千斤的作用，学习借鉴兄弟省市做法和经验，切实缓减小微企业融资难、融资贵的问题。

2. 持续扩大对外开放，增强发展动力

（1）着力扩大利用外资规模

聚焦有优势、有基础的重点行业，扩大利用外资规模。以自贸试验区改革为抓手，扩大开放领域，提高行业竞争水平。目前，上海部分服务行业（如医疗服务、通信服务等）由于垄断存在，缺乏行业竞争，导致价格明显较高，不利于提高全社会资源配置效率。而自贸区服务领域的对外开放范围和程度尚不到位。可以考虑在自贸区先行先试，通过对外商投资和民营资本的引入，将更多服务行业推向开放市场，提升行业供给效率、降低价格水平。

（2）完善投资环境

面对全球对外直接投资低迷的形势，上海要进一步完善投资环境，在城市的商业活力、信息流通、文化创意、生态宜居、创新智力、公共管理和国际合作方面有所突破，壮大城市软实力；深化外资管理体制改革，促进投资贸易便利化，完善外商投资促进工作体系和外资综合服务体系，为外商投资企业在沪投资兴业提供更优质的"沃土"。

(3) 积极稳定和利用好存量外资再投资

在当前制造业直接利用外资回落、新项目减少的情况下,上海用好存量外资企业利润再投资还有较大潜力,近三年来全市外资企业每年利润汇出超过 200 亿美元,其中大部分来自制造业企业。要研究制定引导存量外资企业利润留存再投资的针对性政策和措施。此外,要进一步提高鼓励外资研发中心 16 条意见的政策和知晓度,抓好政策落实落地,促进在沪外资研发中心融入全市科创中心建设,尤其要帮助在沪研发中心到母公司争取更多资源和项目,提升能级。

3. 强化风险防范,增强经济稳定性

(1) 防范金融市场潜在风险

近年来,以违约和互联网金融为主的金融风险案件有所抬头,潜在金融风险增大。做好金融风险防范工作是国际金融中心建设的重要内容。

一是要加强上海自由贸易试验区的金融风险防范工作。根据上海自贸试验区各项金融业务创新进程,及时制定、不断完善异常情况下自贸区金融风险应急管理预案;构建金融监管协调合作机制,实现多部门统筹协调,左右联动;在现有各项业务数据系统的基础上,建立和完善上海自贸试验区综合数据监测系统和共享数据库,构建监测资金异常流动风险的系统,对区内的金融风险状况进行可视化的实时监测。

二是完善地方金融监管机制。尽快建立地方金融监管局,协调好推进金融开放创新和风险防范工作,针对互联网金融风险和非法集资风险,要立足尽早发现、早预警、早处置,在市级层面依托城市网格化管理平台、新型金融业态监测分析平台、商业银行账户资金异动监测机制等渠道强化监测预测,在区级层面落实属地发现责任,充分发挥各区街镇了解情况发现问题渠道多、手段多样等优势,进行实地全覆盖动态监测,着力严控增量、逐步化解存量。

(2) 促进房地产市场平稳健康发展

针对上海房地产市场的潜在风险,上海应加强调控和监管,规范市场秩

序,坚决遏制房价过快上涨态势,确保全市房地产市场平稳健康发展。一是要坚持"两个不是权宜之计"。坚持房地产调控不放松,继续严格执行限购限贷政策,通过持续严控着力扭转市场主体的房价上涨预期。二是要推动引导开发商"以价换量"。在严格的政策调控下,随着开发商库存增加、资金链趋紧和资金回笼压力加大,要推动引导开发商转向"以价换量",加快商品住房项目平价入市,增加市场供应量。三是要加快建立租购并举的住房体系。分解落实租赁住房建设任务,加快推动一批租赁住房土地供应和项目建设;同时,抓紧制定完善税收、金融和公共服务等相关配套政策,支持租赁房项目建设运营。

分 报 告

综合篇

2017 年上海 R&D 投入评估与 2018 年预测

2017 年,在政府引导和政策环境的不断优化下,上海深入实施创新驱动发展战略,科创中心建设工作不断完善。在优化传统重点产业发展的同时,聚焦科技型中小企业创新主体培育,鼓励外资研发中心发展,强化创新创业、科技成果转化、科技金融等功能服务与平台建设,营造了良好的科技创新氛围。

一、 2017 年上海 R&D 投入概况及分析

1. 2017 年上海 R&D 投入总体情况

2017 年,上海 R&D 投入保持稳步增长。经市科委、市教委和大型工业企业集团等研发重点投入部门的综合测算,2017 年上海全社会 R&D 投入预计实现 1 140 亿元左右,比上年增长 8.6%；R&D 投入强度预计为 3.75% 左右,较上年提升 0.03 个百分点(见图 1)。

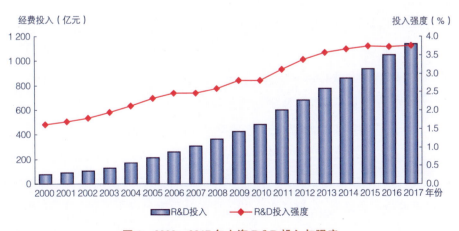

图 1　2000～2017 年上海 R&D 投入与强度

2. 2017 年上海 R&D 投入结构

从 R&D 活动执行机构看,2017 年上海各执行机构的 R&D 投入继续保持增长,企业依旧是 R&D 投入的主体,其后依次是科研机构和高等院校(见表1)。

表 1 2017 年上海全社会 R&D 投入结构

机 构	2017 年(预测)(亿元)	2016 年(亿元)	增长(%)
总 计	1 140	1 049.32	8.6
企业	710	650.21	9.2
科研院所	300	279.40	7.4
高等院校	102	93.61	9.0
其他	28	26.10	7.3

(1) 企业投入比重上升,信息技术在制造领域的应用和创新加速

2017 年,上海企业 R&D 投入预计为 710 亿元,占 R&D 投入总量的 62.3%,比上年提高 0.3 个百分点。主要是上海深化物联网、大数据、人工智能等信息技术在制造领域的应用和创新,加快工业装备与产品的智能化升级,带动企业 R&D 投入提速。其中,双臂协作机器人、二代高温超导交钥匙产线获第 18 届中国国际工业博览会工业设计金奖;首条自动化阳极氧化产线天车多制程柔性控制系统和槽液在线检测及自动加药系统研制完成;4 英寸 900 μm 厚自支撑 GaN 衬底和 8 英寸 600 V 硅基 GaN 外延材料研制成功,为新型节能电子器件加速研发奠定基础。

(2) 科研院所投入增速稳定,各类研究机构着力加快科技成果转化

2017 年,上海科研院所 R&D 投入预计为 300 亿元,占 R&D 投入总量的 26.3%,较上年下降 0.3 个百分点。近年来,上海各科研院所着力加快科技成果向生产力转变,一批科研成果及其产业化取得重大突破。其中,中科院上海高等研究院孵化的上海中研宏科软件股份有限公司在"新三板"挂牌上市;中国科学院上海巴斯德研究所加大技术转移转化和院地合作力度,新签订的项目合同金额 1.3 亿元;中船重工集团第七二六研究所自主研制的"视频人脸预警及检索系统",在文博领域得到推广普及,迅速抢占安防高端市场。

(3) 高等院校投入稳步增长,科研领域的优化布局工作持续推进

2017 年,上海高等院校 R&D 投入预计将比上年增长 9.0％,达 102 亿元,占 R&D 投入总量比重基本与上年持平。上海高等院校在科技研发领域的布局不断优化。一是推进高峰高原学科建设工作。根据《上海高等学校学科发展与优化布局规划(2014—2020 年)》,开展动态调整和Ⅳ类高峰学科建设工作。二是紧跟政策导向,优化高校技术转移体系建设。继续深化上海高校技术转移中心建设工作,推进高校技术转移机构和专职人员队伍建设。三是进一步加强高校与科研院所的协同创新。继续推进上海大学、上海交通大学医学院、上海师范大学 3 所市属高校与中科院合作平台建设项目;会同张江高新区管委会,继续推进上海张江高校协同创新研究院建设。

3. 近年来上海 R&D 投入的国内外比较

(1) 上海研发投入强度稳居全国第二,与北京差距进一步缩小

从各省市 R&D 投入强度看,2016 年,上海 R&D 投入强度仍稳居全国第二位,仅次于北京,且近年来与北京的差距不断缩小(见表 2);上海 R&D 投入增速高于全国平均水平 1.5 个百分点,比北京高 4.8 个百分点,展现出较强的创新发展动力。

从 R&D 执行机构看,上海与北京在 R&D 投入结构上差别显著。上海以企业为主体,2016 年上海科研机构、高校和企业的 R&D 投入分别占全部 R&D 投入的 26.6％、8.9％和 62.0％。而北京以科研机构和高校为主体,2016 年北京科研机构、高校和企业的 R&D 投入分别占全部 R&D 投入的 49.2％、10.8％和 37.8％。

表 2 2016 年全国及主要省市 R&D 经费和投入强度情况

地区	R&D 投入		R&D 投入强度	
	总量（亿元）	比上年增长（%）	数值（%）	比上年增加（百分点）
全国	15 676.70	10.6	2.11	0.05
北京	1 484.60	7.3	5.96	−0.05
上海	1 049.32	12.1	3.82	0.09
天津	537.30	5.6	3.00	−0.08
江苏	2 026.87	12.5	2.66	0.09
浙江	1 130.60	11.8	2.43	0.07
广东	2 035.00	13.2	2.56	0.09

注：为便于同口径比较，表内 R&D 投入强度计算所采用的 GDP，是没有将 R&D 纳入核算的 GDP。

(2) 上海 R&D 投入强度已达到发达国家水平，但与部分创新密集地区有一定差距

近年来，上海 R&D 投入强度已相当于经济合作与发展组织（OECD）中主要发达国家水平。但与美国、德国、法国等发达国家的研发密集地区相比，上海仍存有一定差距。如美国加利福尼亚州（IBM、Google、苹果等公司

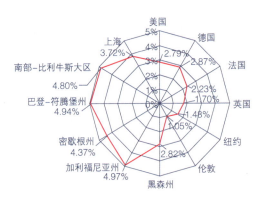

图 2 上海与主要发达国家、地区 R&D 投入强度比较

资料来源：经济合作与发展组织（OECD），美国国家科学基金会，德国联邦统计局网，法国统计局网，苏格兰政府网。其中，上海为 2016 年数据，纽约、加利福尼亚州、密歇根州为 2014 年数据，南部-比利牛斯大区为 2012 年数据，其他均为 2015 年数据。

所在地)R&D 投入强度为 4.97％,密歇根州(美国主要的汽车制造和研发基地)为 4.37％,德国巴登-符腾堡州(欧盟高科技和科研领先地区)为 4.94％,法国南部-比利牛斯大区(法国和欧洲航空与宇宙工业及研发地区)为 4.80％(见图 2)。

4. 近年来上海 R&D 投入的基本特点

(1) R&D 投入来源集中于企业资金和政府资金

从 R&D 投入的资金来源看,上海的 R&D 投入来源一直集中于企业资金和政府资金。2016 年,上海 R&D 投入中企业资金投入达 630.82 亿元,比上年增加 89.94 亿元,增长 16.6％,占全市 R&D 投入总量的 60.1％,比上年提升 2.3 个百分点。政府资金投入 374.76 亿元,增加 33.96 亿元,增长 10.0％,占全市 R&D 投入的 35.7％。而境外及其他资金投入 43.74 亿元,减少 10.72 亿元,下降 19.7％,占全市 R&D 投入的比重较上年下降 1.6 个百分点。

(2) 各区之间的 R&D 投入情况差异较大

近年来,各区之间的 R&D 投入差异日渐明显。从 2016 年各区的 R&D 投入总量看,全市可分为三个梯队(见图 3)。

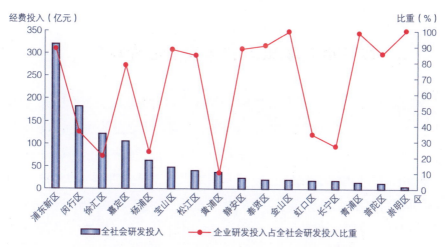

图 3　2016 年各区全社会研发投入及企业研发投入占比情况

第一梯队为浦东新区,其全社会研发投入在各区中位居第一,达 320.95 亿元,占全市总量的 30.6％,领先优势明显。在张江高新科技园、临港自贸区等功能区的推动下,2016 年浦东有效发明专利达 2.22 万件,占全市总量的 27.8％。浦东 88.3％的研发投入和 91.7％的有效发明专利来自企业,形成了以企业为主体的创新模式。

第二梯队为闵行、徐汇、嘉定和杨浦,全社会研发投入规模均在 50 亿元以上。除嘉定是以企业研发投入为主外,闵行、徐汇、杨浦六成以上的研发投入来自科研院所、高校院校,是以机构为主体的创新模式。

第三梯队为其余 11 个区,第三梯队的全社会研发投入合计数仅占全市总量的四分之一,有效发明专利数占全市总量的 31.1％,研发能力整体偏弱。

(3) 民营企业 R&D 投入占比相对较低

上海企业研发投入一直以外商投资企业为主,民营企业占比相对较低。2016 年全市民营企业研发投入达 66.72 亿元,占企业研发投入总量的 10.3％,低于外商投资企业 30.4 个百分点。与核心技术、专利多由国外总部开发的外商投资企业相比,民营企业虽然研发投入较少,但其创新动力强、活跃度高,专利产出情况相对更高。2016 年民营企业有效发明专利数达 10 064 件,占全市企业有效发明专利数总量的 19.0％,超出外商投资企业 114 件。

二、 2018 年上海 R&D 投入发展趋势判断

根据习近平总书记在十九大报告中提出的"加快建设创新型国家"建设目标,上海将继续深化科技体制改革,建立并完善以企业为主体、市场为导向、产学研深度融合的科技创新体系,全面推进科技创新中心建设。在对标全球影响力科创中心的基础上,进一步明确主攻方向,大胆突破制约研发创新的体制机制瓶颈,强化顶层设计和战略布局,全面统筹协调研发创新发展规划,瞄准世界科技前沿和顶尖水平,服务国家重大发展战略需要,在重大科研基础设施建设上加大投入力度,加快集聚和培养一流的创新人才,营造

更加良好的创新创业生态,使上海成为全球科技研发高地。

2018 年,上海 R&D 投入预计继续保持平稳增长。各研发主体在政府支持和政策推动下,有望涌现出科技创新的新模式、新业态。同时,考虑到 GDP 核算方法改革的影响,R&D 投入将部分计入 GDP,2018 年上海的 R&D 投入强度预计将保持平稳。

三、 2018 年进一步优化上海科技创新发展的对策建议

1. 加强产学研合作,全面推进科技成果转移转化

剔除国防科工研发投入的增长,上海的科研机构、高等院校研发投入增速近年来均稳定在 8% 左右,仍存在着较大的上升空间,科研机构、高等院校开展研发活动的积极性亟待进一步加强。一是加大企业与科研机构、高等院校的合作力度。鼓励企业开放式创新,主动承接和转化研发机构、高等院校具有实际应用价值的科技成果,重视原创技术或前沿性技术的储备,构建以企业为创新主体的开放创新网络;引导企业加强与科研机构、高等院校的合作,开展市场友好度高的研发项目,实现优势互补与协同创新。二是激发研究开发机构、高等院校科技成果转移转化活力,使科技成果转化从源头端转移转化至企业端的渠道更加畅通。三是大力培育科技服务机构和服务人才,帮助企业提升创新意识,发现和判断有价值的科技成果。

2. 充分整合上海各区科创资源,实现中心城区与郊区的协同发展

现阶段,上海各区差异化的科创资源优势尚未得到充分发挥。一方面中心城区未利用丰富的科研院所、高校与研究平台优势集聚一流的科创资源,各区的高端人才普遍不足。2016 年,全球"高被引"科学家① 3 083 人中,

---

① 全球"高被引"科学家名单由 Clarivate Analytics(汤森路透旗下的知识产权与科技事业部)发布,以科学家所属的第一机构为准。

上海上榜仅 11 人,占全国总数的 6.3%,低于北京 20 个百分点以上。另一方面拥有用地成本较低、制造业企业集中等优势的郊区①,还未与中心城区充分形成合力,企业创新多依靠自身或集团内部资源。2016 年郊区工业企业中,与高校、科研机构开展技术创新合作的企业仅分别占 9.6% 和 5.0%,低于中心城区 7.5 和 4.2 个百分点。

3. 加强民营企业扶持,切实提高企业的创新实力

积极搭建知识、人才等创新资源对接平台,充分发挥市场经济对创新资源的配置功能,为民营企业创新发展营造良好环境、创造有利条件。拓宽以往侧重国企、央企和外商投资企业创新的思路,进一步优化完善科技创新政策和配套管理办法,扩大科技创新券、股权激励试点等措施的覆盖范围,积极引导民营企业对外加强合作、扩大市场优势、加快科技成果转化。充分利用民营企业高效的创新溢出效应及其对市场的敏锐度,激发行业整体的创造力,切实提高民营企业的科技创新实力。

---

① 郊区包含闵行区、宝山区、嘉定区、浦东新区、金山区、松江区、青浦区、奉贤区和崇明区。

2017 年上海国际航运中心建设评估与 2018 年预测

2017 年，全球经济增长乏力的情况有所改观，制造业和贸易回暖，全球市场信心逐步增强，欧美等发达国家及部分发展中国家经济增速出现明显回升。同时，国内经济表现继续超预期，经济稳中有进、稳中向好，经济结构不断优化，新产业新动能不断孕育，质量与效益不断提高。伴随着国际、国内运输市场需求的释放，航运业逐步走向复苏，上海国际航运中心建设攻坚克难，不断进取，主要经济指标实现较大反弹。

一、 2017 年上海国际航运中心建设基本情况

1. 现代航运服务业收入增速全面回升，主要运输行业效益明显好转

（1）营业收入增速强势反弹，各行业全面增长

2017 年，上海现代航运服务业营业收入增速实现强势反弹，彻底扭转 2016 年增速下滑的态势。1～9 月，上海现代航运服务业实现营业收入 6 387.92 亿元，比上年同期增长 17.2%，增速同比大幅提高 16.1 个百分点。现代航运服务业迎来近两年低谷期后的全面增长，除快递业和教育业增速比上年同期有所回落外，其他行业增速均实现不同程度提高。其中，装卸搬运和运输代理业由于货运市场的回暖，1～9 月由上年同期下降 7.1% 大幅反弹至增长 23.0%；由于航运相关企业各项贷款余额增长 16.1%，航运金融业也实现由上年同期下降 27.3% 到增长 9.7% 的逆袭（见表 1）。

表1　2017年1～9月上海现代航运服务业营业收入情况

行业名称	营业收入（亿元）	同比增长（%）	增速提高（百分点）	所占比重（%）
现代航运服务业	6 387.92	17.2	16.1	100.0
交通运输	3 073.52	15.7	10.9	48.1
装卸搬运和运输代理	1 786.54	23.0	30.1	28.0
仓储	228.81	9.0	10.0	3.6
快递	410.39	23.5	−49.5	6.4
金融	352.78	9.7	37.0	5.5
租赁和商业服务	372.17	12.0	0.7	5.8
科学研究和技术服务	156.50	13.8	19.4	2.5
教育	7.20	5.9	−8.1	0.1

　　2017年前三季度,受宏观经济持续向好和国际贸易大幅增长的影响,全社会货物运输需求表现出强劲增长势头,客运也继续保持良好增长态势,交通运输主业收入实现快速增长,1～9月交通运输主业实现营业收入3 073.52亿元,比上年同期增长15.7%,增速低于现代航运服务业1.5个百分点(见图1)。快递服务业在前几年高增长所带来的高基数影响下增速依然高达23.5%,但增速比上年同期已明显回落49.5个百分点。

图1　2016～2017年上海现代航运服务业与交通运输主业收入增速比较

(2) 提质增效成效显著,水上运输及航空运输业利润明显改善

得益于国内外运输需求的不断增长,集装箱运价指数和干散货运价指数的上涨,航运企业运费收入持续提升,企业盈利状况不断改善。居民出行意愿不断释放,航空客运量再创新高,推动航空运输业经济效益持续表现良好。同时,行业内领军企业则主动适应新形势,加强内部管理,积极推动降本增效措施,进一步提振了水上运输和航空运输行业的盈利能力。

2017 年 1~9 月,水上运输业实现营业收入 1 014.35 亿元,比上年同期增长 23.7%;营业利润 109.20 亿元,一举扭转了上年同期亏损 4.96 亿元的窘境。航空运输业实现营业收入 886.88 亿元,增长 12.7%;营业利润 102.79 亿元,增长 23.1%,增速同比提高 4.2 个百分点,继续保持良好的经济效益。

2. 多种方式客货运输全面增长,海港空港客货吞吐屡创新高

(1) 客货运输全面增长,水路货运明显复苏

2017 年,上海客货运输一改近年来"客增货降"的分化态势,旅客发送量和综合货物运输量实现全面增长。自 2010 年底以来,首次出现多种货运方式全面增长,其中水路货运呈现明显复苏势头。

1~10 月,上海综合货物运输量为 80 686.88 万吨,比上年同期增长 10.9%,连续九个月实现增长。2017 年以来,居民出行继续保持旺盛需求,尤其是商务出行和节假日的旅游出行持续助推客运量增长,上海对外旅客发送量再创新高。1~10 月,上海旅客发送量达 17 596.56 万人次,增长 6.4%(见表 2),增幅比上年同期提高 1.4 个百分点。

表 2　2017 年 1~10 月上海客货运输量及增速

运输方式	货物运输量(万吨)	同比增长(%)	旅客发送量(万人次)	同比增长(%)
合　计	80 686.88	10.9	17 596.56	6.4
铁路运输	380.89	2.7	9 851.30	9.4
水上运输	46 862.99	18.1	146.42	0.4
道路运输	33 097.00	2.2	2 890.00	0.4
航空运输	345.99	10.8	4 708.84	4.7

在多种货运方式中,水上运输业保持明显的复苏势头。从中国航运景气度看,已创五年新高,航运市场信心十足;从国际看,集装箱、干散货运价指数持续看涨,水上运输业的相关业务量大增,呈现良好的市场前景。1～10月,上海水上运输业完成货运量46 862.99万吨,比上年同期增长18.1%,对全市货物运输量增长的贡献率高达90.4%。

在多种客运方式中,铁路客运量在京沪等高铁线路大客流的带动下,继续一马当先,始终保持较快增长。1～10月,铁路旅客发送量达9 851.30万人次,比上年同期增长9.4%,占旅客发送量的56.0%,同比提高1.5个百分点。随着客运结构的稳步转变,铁路出行已成为居民出行的首选。

(2) 海空港两翼齐飞,客货吞吐屡创新高

2017年,上海口岸进出口商品总额保持强劲增长态势,同时内贸货物也扭转了下降趋势,实现较快增长。内外贸的快速增长,推动了上海港集装箱吞吐量连创新高,除2月份春节假期外,集装箱月吞吐量超320万TEU已成常态,并于5月份首次达到354.08万TEU(见图2)。1～10月,上海港集装箱吞吐量达3 327.47万TEU,比上年同期增长7.9%,将连续第八年蝉联全球集装箱吞吐量第一。

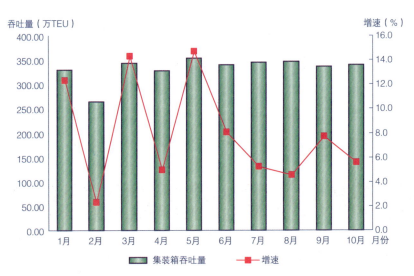

图2 **2017年1～10月上海港集装箱吞吐量分月总量及增速**

1～10月,上海港货物吞吐量为62 472.99万吨,比上年同期增长7.4%,在经历了长达32个月负增长之后,已连续10个月保持增长态势。全球经济

的提振以及中国经济的超预期表现,加之国内基础设施及重大交通项目的建设,共同推动了上海港大宗商品的吞吐量增长。除内河整治导致全港煤炭及制品吞吐量呈负增长,其余主要货种都实现较快增长(见表3)。

表 3 　2017 年 1～10 月上海港主要货种吞吐量及增速

货　种	货物吞吐量(万吨)	同比增长(%)
吞吐量合计	62 472.99	7.4
＃金属矿石	8 676.87	14.4
煤炭及制品	6 096.99	−5.9
钢铁	3 752.53	9.1
矿建材料	4 157.35	36.9
机械、设备、电器	6 751.05	7.1
石油天然气及制品	2 558.95	3.6

2017 年,上海空港客货吞吐量继续保持稳定增长态势,"一市两场"的合理布局与定位以及航空运输业的转型升级,为上海航空枢纽的快速发展提供了基本保障,机场运营三大指标屡创新高。1～10 月,两场实现货邮吞吐量 345.99 万吨,比上年同期增长 10.8%,其中浦东机场货邮吞吐量达 313.08 万吨,增长 12.6%,占 90.5%,继续稳居全球第三大货运机场;两场日均货邮吞吐量超过 1 万吨。两场旅客吞吐量为 9 328.21 万人次,增长 4.7%,全年有望突破 1.1 亿人次,再创历史新高。飞机起降架次达 63.25 万架次,增长 2.5%,日均起降架次达 2 081 架次(见表4)。

表 4 　2017 年 1～10 月上海机场运营三大指标及结构

航　线	飞机起降架次			旅客吞吐量			货邮吞吐量		
	累计(万架次)	增长(%)	比重(%)	累计(万人次)	增长(%)	比重(%)	累计(万吨)	增长(%)	比重(%)
两场合计	63.25	2.5	100	9 328.21	4.7	100	345.99	10.8	100
＃国内航线	42.05	2.0	66.5	6 161.23	5.7	66.1	63.19	−4.1	18.3
国际航线	16.40	4.9	25.9	2 482.80	3.5	26.6	243.38	16.4	70.3
港澳台航线	3.99	−1.7	6.3	684.17	0.6	7.3	39.41	5.7	11.4

二、 新动能不断孕育新机遇

1. 中转比例稳步提升，多式联运瓶颈有突破

上海着力推进海港枢纽建设，不断完善集疏运体系，水水中转和国际中转比例稳步提升。2017 年 1～10 月，上海港集装箱水水中转比例为 46.5%，比上年同期提高 0.5 个百分点；国际中转比例为 7.8%，提高 0.7 个百分点。1～9 月，海港货物集疏运量中水运占比达到 77.3%，提高 0.8 个百分点，道路占比为 22.7%，降低 0.8 个百分点，集疏运体系处于不断优化中。水水中转比例的提升以及集疏运量中水运占比的提升进一步突出了上海作为江海联运中心的作用。

同时，"沪通铁路二期"（太仓—四团）工程新建外高桥铁路集装箱办理站及相关配套工程，探索海铁联运一体化运营监管模式等举措，将破解多式联运中"海铁联运"的瓶颈，为"海铁联运"的推进，打下坚实的基础。

2. 不断加快国际航空枢纽建设，全力对接国家"一带一路"建设

2017 年，上海持续加大并推进两大机场的建设。其中，虹桥机场 T1B 楼改造工程、浦东机场第五跑道工程、浦东机场三期卫星厅工程、浦东机场联邦快递转运中心、虹桥机场首个"无感支付"智慧停车库等建设工程顺利推进。同时，主动对接国家"一带一路"建设，上海空港不断开通"一带一路"沿线国家航线，吸引国际航空公司落地上海，继续提升服务能力，旅客出行体验不断优化。2017 年，国际航线飞机起降架次达 16.40 万架次，比重达 25.9%，提高 0.6 个百分点；国际航线货邮吞吐量达 243.38 万吨，比重达 70.3%，提高 3.5 个百分点（见表 4）。作为中国境内最大的空中门户，上海航空枢纽为国家战略的实施与居民旺盛的出行需求提供了一流的服务和保障。

3. 绿色、智慧航运助推航运中心转型升级

近年来,上海构建绿色航运与智慧航运取得明显成就,助推了上海国际航运中心的转型升级。

在绿色环保方面,上海港全力推进船舶岸电技术与污染排放控制。其中,吴淞国际邮轮港 1 号泊位岸基供电项目、洋山港三期和四期岸电设备建设、港内轮胎吊"油改电"和集卡 LNG 能源替代等一系列工作正加速推进中。长三角水域船舶排放控制区于 9 月 1 日提前实施了 2018 年的实施方案控制要求,空气中二氧化硫含量大幅下降,效果明显。

在智慧航运方面,信息化新技术的应用,推动了港口、空港、口岸等高效运作。其中,洋山深水港四期码头将成为全球最大规模、自动化程度最高的港区;建设"港航纵横""e 卡纵横"服务品平台等;空港方面,上海机场推进建设旅客服务 APP,实现停车"无感支付",落实"简化出行",实现智慧出行服务体验;口岸方面,入境旅客可以享受快速办理自助通关手续,通关作业无纸化覆盖率已超过 9 成,上海机场出港电子运单量已跃居全球第二,仅次于中国香港。

4. 邮轮经济和快递业步入稳定发展的成熟期

2017 年,上海继续推进吴淞口国际邮轮港后续工程建设,未来将实现"四船同靠"。吴淞口地区邮轮产业链初具雏形,从上游看,"上海中船国际邮轮产业园"和国内首只邮轮产业基金均已落户宝山;从中游看,邮轮管理、邮轮旅游公司不断集聚;从下游看,母港服务能力也不断升级,船供实现较快发展。1~10 月,上海港邮轮靠泊次数为 431 艘次,比上年同期增长 1.2%,增速降低 40.8 个百分点;旅客吞吐量为 244.61 万人,与上年同期持平,降低 74.4 个百分点(见表 5)。从数据来看,在连续多年高增长带来的高基数影响下,上海邮轮经济已由高速发展转向平稳发展,这是邮轮经济从成长期走向成熟发展期的标志。

表5　2017年1～10月上海港邮轮靠泊次数及吞吐量

指　标	邮轮靠泊次数 （艘次）	同比增长 （％）	旅客吞吐量 （万人）	同比增长 （％）
上海港	431.00	1.2	244.61	持平
#母港	404.00	0.5	238.43	−0.4
#吴淞港	389.00	−2.0	238.77	−1.0

快递服务业经过多年的飞速发展，仍保持快速增长的态势，但在高基数的影响下，业务量增速也已经放缓。同时，近年来快递行业成本不断上升，同质化竞争下快递单价过低使整个行业的利润水平出现下滑。2017年1～9月，上海快递业务量为21.58亿件，比上年增长20.1％，增幅降低34.9个百分点；快递服务业实现营业利润39.94亿元，增长11.6％，降低5.5个百分点。随着快递公司陆续上市，在资本市场参与运作下，快递服务业也进入了稳定发展的成熟期。

5. 航运服务业亮点频出

2017年1～9月，上海航运相关企业各项贷款余额达4 066.71亿元，比上年同期增长16.1％，其中水上运输业贷款余额和航空运输业贷款余额分别增长20.0％和40.3％；新造船审图81艘，增长42.1％，新造船检验49艘，增长3.5倍；海事审判平均审理天数由35天降至28天；电子口岸平台报文交换数2.04亿个，电子支付交易量为1.23万亿元，分别增长11.5％和29.3％；进出境集装箱检疫达738.85万只，增长5.3％。

2017年，上海航运服务领域积极创新，亮点频出。在继续深化完善航运保险指数，探索编制航运保险纯风险损失表，在全国首推邮轮取消延误综合保险的同时，全国第一家航运自保公司—中远海运财产保险自保有限公司在沪设立并开业，上海已成为中国航运保险专业经营机构类型最丰富、数量最多的地区。2017年7月11日，上海航交所正式对外发布"一带一路"航贸指数，该指数全面、及时地反映"一带一路"建设成果，特别是贸易畅通和设施联通放的发展成效。

在优化服务方面,上海市口岸办制定印发《上海国际贸易单一窗口(2017—2020 年)深化建设方案》,开展上海国际贸易"单一窗口"国际航行船舶联合登临功能上线试点,虹桥机场口岸启用入境自助查验通道,上海检验检疫局积极推进无纸化报检工作,无纸化报检覆盖率超过 80%。在船舶登记过程方面,上海海事局主动对接中波轮船股份公司,为中波公司开通中资"方便旗"回国登记"绿色通道",大大缩短了因船舶办证而导致的停航时间,减少了船舶营运成本,而"乾坤"轮也成为首批获批免税进口的中资"方便旗"船舶。

三、 2018 年上海国际航运中心建设发展趋势判断

1. 谨慎乐观面对即将到来的国际航运市场的全面复苏

从 2016 年下半年以来,全球经济步入上行周期,包括中国在内的主要经济体表现超出预期,为国际航运市场的复苏奠定了坚实的基础。但也应该看到,全球经济仍然面对不少挑战,如贸易保护主义、极端天气事件、恐怖主义和安全问题等,都会给经济和贸易带来伤害,进而影响到国际航运市场的复苏。

另外需要关注的是,2017 年干散货运输市场的复苏表现是建立在 2016 年跌入低谷的基础上的。尽管有国内外经济回升和需求增加等因素为未来干散货市场的复苏提供支撑,但未来市场的多变与波动将成为这一轮复苏周期中的常态。根据相关预测,2017 年集运市场的需求增长高于供给,因此近期集运市场前景将被看好。但同时要注意,2018 年将有大量新船涌入市场,会对运费造成压力,因此应该谨慎乐观地对待这一轮复苏。

2. 港口生产能力有升有降,集装箱吞吐量将再上新台阶

2017 年,上海针对内河无证码头及"违建"码头进行大规模拆违,对黄浦江进行浮吊整治,内河港码头货物吞吐量大幅下降,2018 年内河港货物吞吐

量预计仍将有所下降。与此同时,上港集团下属公司逐步退出煤炭装卸业务,公共码头煤炭吞吐量将会有较大幅度下降,进而影响到全港煤炭吞吐量的增长。随着洋山港四期工程在年底前正式投入生产运营,这个全世界最大的自动化码头将会给上海港带来 400 万 TEU 的通过能力。2018 年,上海港集装箱吞吐量将有望迎来较大增长。

3. 旅游市场持续升温,客运仍将保持稳定增长

当前经济企稳,供给侧结构性改革初见成效,商务消费及因私出行需求热度不减,旅游市场蓬勃发展,呈现散客游、深度游等多元业态的新特征,境外游持续升温,这些都对航空运输业有着强有力的支撑;同时,铁路部门不断开通高铁新线路,提升铁路出行服务和体验,新车型"复兴号"的开行以及"旅游热门线路"的不断开通,都进一步刺激了铁路客运量的增长。预计2018 年,在航空运输和铁路运输的带动下,上海旅客发送量仍将以较快速度增长。

四、 上海国际航运中心建设的对策及建议

1. 继续推进国际航运中心建设,加大国家"一带一路"建设参与度

2017 年 10 月 18 日,党的十九大在北京胜利召开。十九大报告中强调要以"一带一路"建设为重点,坚持引进来和走出去并重,遵循共商共建共享原则,加强创新能力开放合作,形成陆海内外联动、东西双向互济的开放格局。随着"一带一路"建设的持续推进,将会有越来越多的国家和地区主动加入到与中国的经贸合作当中来,将进一步促进国际贸易往来,给港航等运输企业带来无限商机。同时,上海自由贸易港的建设也在加速筹备过程中。上海国际航运中心应牢牢抓住千载难逢的机遇,不断提升配置国际航运资源和服务国家建设的能力,加速引进高端航运要素,加强与长江流域及周边

港口的合作;港航企业要主动走出去,将上海国际航运中心的影响力辐射到全球,不断超越传统国际航运中心,成为首屈一指的国际航运中心。

2. 持续加大海空两港枢纽建设,扩大国际航运中心的影响力

目前,海空两港枢纽建设正进入关键阶段,洋山深水港四期全自动化智能码头建设已正式建成并投入使用,浦东机场三期工程与第五跑道以及虹桥 T1 航站楼等工程已完成阶段性建设目标。为了提升海港枢纽服务能力,应继续推进港口建设与规划调整,加强沪浙合作开发洋山港,加强岸线资源整合与合理利用。同时,不断优化提升上海航空港飞行保障能力,加快扩建工程建设,加强两场之间的高效衔接,推动各类产业项目落户虹桥临空经济示范区,加快建设浦东航空城以及祝桥国际现代快递物流园区建设等。这一系列建设成就,必将使海空两港枢纽的服务能力进一步提升,上海国际航运中心的影响力进一步扩大。

3. 优化集疏运体系建设,推动多式联运发展

进一步完善高等级内河航道网络,推进相关内河航道及码头建设工程,加快推动"沪通铁路二期"工程及外高桥铁路集装箱办理站的建设,使港口集疏运体系进一步完善,同时为"多式联运"的发展提供重要的硬件支撑。此外,积极参与江海直达船型政策制定,探索海铁联运运营模式并协调落实海铁联运一体化运营监管模式,进一步打造多式联运发展的软环境,使"江海联运"比例进一步提升,"海铁联运"发展潜力充分释放。

2017 年上海先行指数评估与 2018 年预测

一、 2017 年上海制造业采购经理指数（PMI）情况

2017 年，上海制造业整体形势稳中向好，制造业 PMI 指数自 2016 年以来已连续 15 个月位于扩张区，受春节后复工和 9 月份多行业旺季到来等因素影响，指数分别于 2 月份和 9 月份升至阶段性高点。全年总体在扩张区内震荡徘徊，表明经济运行平稳，稳中向好态势持续。

1. 2017 年上海 PMI 走势

2017 年，上海制造业采购经理指数前十个月均在扩张区震荡徘徊。1～11 月指数均值为 52.3，比上年同期高 2.6 个点，各月指数除 11 月外为近三年最高点（见图 1）。

图 1　2015～2017 年各月上海制造业采购经理指数（PMI）走势

从走势看，受春节因素影响，1 月份 PMI 指数比 2016 年 12 月有所下

降,扩张程度减弱,2 月份随着节后返工潮的到来,指数回升至阶段高点,3~5 月扩张程度有所下降,6~8 月指数在扩张区内震荡徘徊,9 月份随着多数行业旺季的到来指数到达年内最高点,10 月份指数又有所回落,11 月份指数出现小幅回升。PMI 指数全年预计稳定在扩张区内,整体形势稳中向好。

2. 上海 PMI 分项指数特征

(1) 企业订单增长稳定,市场需求稳中向好

2017 年 1 月份企业新订单指数较 2016 年 12 月份有所下降,2~3 月受春节返工因素促进,指数在扩张区内稳步上升,并在 3 月份到达阶段高点 55.3,4 月份企业订单上升势头有所减弱,指数较 3 月份有所下降,但仍在扩张区内,5~7 月指数在扩张区内震荡徘徊,8 月份指数出现较大幅度上扬达到 56.7,9 月份指数攀升至年内最高值 57.0,10~11 月指数略微下降。2017 年 1~11 月新订单指数均值为 54.1,企业订单全年增长稳定,整体形势向好。

代表外部需求的出口订单 1 月份大幅度下降至收缩区,2~6 月指数在扩张区与收缩区之间震荡徘徊,7~9 月出口形势回暖,指数稳定在扩张区内,且在 8 月份达到全年最高值 54.9,10 月份指数降至收缩区为 49.8,11 月份再次回到扩张区为 51.3。1~11 月出口指数均值为 50.6,比上年同期提高 2.4 个点。

总体来看,制造业企业订单整体向好,市场需求形势稳中向好,但积压订单指数全年均值为 47.3,仍在临界值以下,表明企业未完成订单量有所下降,仍需防范下行风险。

(2) 生产采购明显回暖,去库存压力犹在

2017 年,1~2 月受春节因素影响,企业生产量指数虽仍在扩张区运行,但扩张程度有所下降,3 月份随着节后大批人员返工,指数大幅上扬至 58.4,为年内最高值,4~5 月由于多数行业还处于淡季,生产量扩张程度有一定的下降,分别为 53.3 和 50.4,6 月份多数企业为即将到来的行业旺季提前准

备,开始加大生产量,指数回升至 54.7,7 月份指数略微下降至 54.2,8～9 月指数随着多数行业旺季的到来指数持续上升,并在 9 月份达到阶段高点 56.4,10 月份指数下降至 54.3,扩张程度略微有所减弱,11 月份再次回升至 56.4。1～11 月生产指数均值为 54.2,较上年同期上升 3.5 个点,企业生产形势明显回暖。

与企业生产活动密切相关的采购量指数全年均在扩张区内运行,表明大多数企业在 2017 年生产形势良好,1 月份较 2016 年 12 月有所下降,2～3 月指数持续上升,并在 3 月份达到阶段高点 55.7,4～5 月扩张程度有一定下降,6～9 月随着各行业的旺季逐渐到来,企业加大生产投入,采购量也随之增加,指数逐月上涨至 9 月份的 56.3,达到年内最高点,10 月份企业采购量扩张程度有所减缓,指数降至 53.3,11 月份指数出现回升至 54.2。1～11 月采购量指数均值达到 53.3,较上年同期上升 2.5 个点,表明企业生产整体形势向好。

两大库存表现仍然比较低迷,其中产存品库存指数 1～11 月均在收缩区内运行,均值为 46.7,虽然比上年同期提高 0.8 个点,但仍不容乐观;原材料库存指数除 1～2 月外均在收缩区震荡徘徊,均值为 48.5,较上年同期上升 0.7 个点。两大库存指数低迷,表明部分企业产能仍未充分利用,去库存仍将继续。

(3) 进口贸易持续扩张,市场信心显著增强

2017 年,上半年进口指数在临界点附近徘徊运行,下半年随着企业生产的回暖,以及部分企业原有上游供应商供货量减少,进口需求增大,指数 7～9 月在扩张区内持续上升,10 月份由于生产与采购量扩张形势减弱影响,指数再次回到收缩区为 49.8,11 月份进口回暖指数上升至 51.2。进口指数 1～11 月均值为 51.3,较上年同期上升 2.0 个点。

受一系列经济政策鼓励,企业对未来经济发展整体持乐观态度,市场信心显著增强。采购经理对未来 3 个月预期指数均在扩张区内运行,2 月份达到年内最高点 59.6,8～11 月指数持续在高景气区间运行,表明制造业企业预期经济形势向好的信心显著增强。

二、 2017 年上海消费者信心指数运行情况

消费者信心指数是根据消费者对整体经济、就业形势、家庭收入、生活质量、购买耐用商品时机等五方面的当前状况的判断及未来趋势的预期,经量化计算编制而成。消费者信心指数是对消费者信心及其变动的一种测度。2017 年前三季度上海消费者信心指数为 116.9,较 2016 年同期上升 2.5 点(见图 2)。

图 2　2009～2017 年上海消费者信心指数走势

1. 上海消费者信心指数维持"高位震荡运行"

2017 年 1～3 季度,上海消费者信心指数分别为 114.8、118.7 和 117.2,呈"高位震荡运行"态势。1 季度,主要受世界政治经济形势不确定性增加,国内经济增长预期放缓的影响,上海消费者信心指数从 2016 年 4 季度的高位回落。2 季度,主要发达国家和新兴经济体经济呈复苏回暖趋势,世界经济增长预期良好,国内经济维持"总体平稳、稳中向好"的主基调,消费者现状指数冲高至 121.7,带动消费者信心指数再创新高。3 季度,世界经济继续"碎步上行",消费者信心指数环比下降 1.5 点,呈高位波动态

势（见图3）。

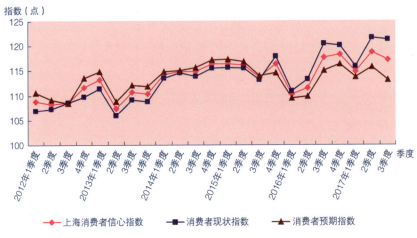

指数（点）

图 3　2012 年 1 季度以来上海消费者信心指数走势

图例：
- ◆ 上海消费者信心指数
- ■ 消费者现状指数
- ▲ 消费者预期指数

2. 整体经济信心与就业形势信心"低开高走"

2017 年 1～3 季度，上海消费者整体经济信心指数分别为 120.8、125.1 和 127.5。1 季度，美国总统特朗普意外当选引发全球对美国政治经济不确定性的担忧，同时德法意等欧洲国家国内极右翼势力崛起，国际单边主义和贸易保护主义抬头，受此影响，消费者整体经济信心指数比 2016 年 4 季度下降 3.7 点。2 季度，世界经济呈复苏回暖趋势，特朗普当政、英国脱欧、法国大选等事件未带来原本预估的冲击，美联储的加息增强了市场信心，中国经济继续稳中向好，上海深化供给侧改革成效显现，经济稳中提质，消费者整体经济信心大幅回升。3 季度，国际国内经济继续平稳运行，上海经济保持平稳增长，但全球地域性政治冲突不断，引发人们对未来发展的担忧，消费者整体经济现状信心继续上行，对未来预期信心有所下降，整体经济信心小幅上升（见图4）。

经济形势的发展很大程度上影响着消费者对就业形势的信心，2017 年 1～3 季度就业信心指数分别为 113.7、117.0 和 118.6，低开高走，走势与整

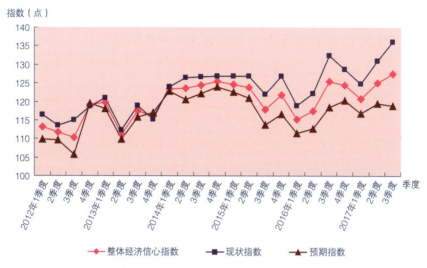

指数（点）

图4　2012 年 1 季度以来上海消费者整体经济信心指数走势

体经济信心走势基本一致。1 季度,受经济增长预期放缓,春节后返沪的就业压力增大以及市场淘汰落后产能、企业缩减招聘需求和放缓招聘进度的影响,消费者对就业形势的现状信心下降明显,带动就业形势信心环比下降5.2 点。2 季度,上海经济保持平稳增长,企业用工需求恢复,加上临近毕业季企业增加岗位招聘,消费者对就业形势现状信心增强,带动就业形势信心指数上升。3 季度,上海经济平稳运行,就业形势稳定,高新技术人才需求增加,消费者就业形势信心继续上升(见图 5)。

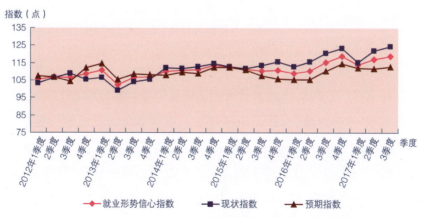

指数（点）

图5　2012 年 1 季度以来上海消费者就业形势信心指数走势

3.家庭收入信心与生活质量信心"冲高回落"

2017 年 1～3 季度,上海消费者家庭收入信心分别为 118.1、124.0 和 120.3,呈"冲高回落"态势。1 季度,出于对经济下行压力和就业形势的担忧,以及股市、房产投资收益的减少,消费者对家庭收入的现状信心下降,不过对于工资性收入增长的可见性预期使家庭收入信心预期指数继续稳中趋升。2 季度,经济平稳增长,就业形势稳定,上海居民人均可支配收入继续保持平稳增长,家庭收入信心指数环比大涨 5.9 点。3 季度,工资性收入增速放缓,投资收益困难,经营性收入因"五违四必"整治有所降低,住房、医疗保健、教育支出等生活成本上升使实际收入进一步缩水,家庭收入信心指数高位回落,环比下降 3.7 点(见图 6)。

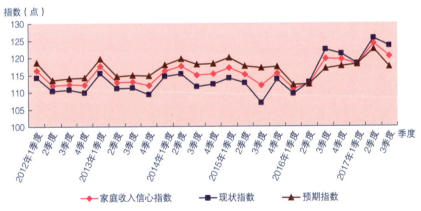

图 6 2012 年 1 季度以来上海消费者家庭收入信心指数走势

2017 年 1～3 季度,上海消费者生活质量信心指数分别为 120.4、125.5 和 120.2,呈"冲高回落"态势。2017 年前三季度上海居民消费价格指数为 101.8,基本维持低位平稳运行态势,同时由于就业形势稳定,居民可支配收入持续稳定增长,上半年上海消费者生活质量信心持续攀升。3 季度,由于鲜菜、租房、医疗保健、劳务性服务、教育支出等价格的上涨,居民生活成本上涨明显,生活质量信心从高位回落,指数环比大幅下降 5.3 点(见图 7)。

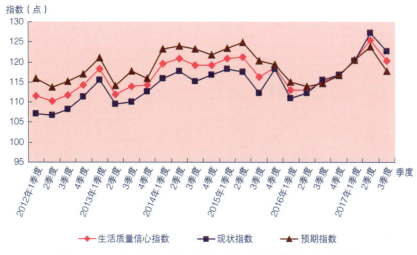

图 7　2012 年 1 季度以来上海消费者生活质量信心指数走势

4. 消费者耐用商品购买时机信心大幅下挫

上海消费者耐用商品购买时机信心指数由大件商品、住房及家用汽车购买时机信心指数等三项指标构成。

2017 年 1～3 季度，上海消费者耐用商品购买时机信心指数分别为 101.1、101.8 和 99.2（见图 8）。其中，大件商品购买时机信心指数分别为 109.1、112.1 和 109.8；住房购买时机信心指数分别为 81.2、75.6 和 71.3；家用汽车购买时机信心指数分别为 105.1、107.4 和 105.7。

受楼市调控政策影响，2017 年房地产交易持续低迷，以刚性需求为主，购房者多处于观望或受限状态。由于房地产市场交易冷淡，影响下游家具、家电等产品的销售，大件商品购买时机信心下降明显，指数较 2016 年平均有 15 点的跌幅，是耐用商品购买时机信心大幅下挫的主因。同时，调控政策短期无松动迹象使消费者住房购买时机信心继续在低位盘桓。由于上海交通拥堵、停车难、沪牌价高难拍等问题愈加突出，2017 年 1～8 月，汽车零售额增速由 2016 年同期的 15.4％回落到 1.2％，消费者购买汽车的信心较2016 年有所下降。

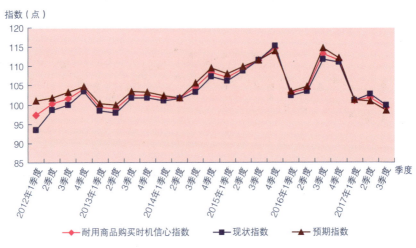

指数（点）

图 8　2012 年 1 季度以来上海消费者耐用商品购买时机信心指数

三、 2018 年上海先行指数走势初步判断

1. 制造业 PMI 走势预判

近年来,不断推进产业升级转型,新经济加快成长,经济新动能出现增量崛起、存量激活的态势。预测 2018 年,受国内外市场需求,党的十九大召开后政策激励影响,上海制造业总体态势趋好,但下行风险仍需关注。具体来看:第一,传统产业产能过剩现象依然存在,库存压力和积压订单不足表明生产动力和市场需求仍待升温;第二,全球政治环境复杂多变,美国新任总统倡导新贸易保护主义,阿拉伯国家动荡等因素都对外部需求产生了不利影响;第三,原材料价格指数持续上涨,大宗商品价格较上年出现大幅度上涨,部分制造业企业出现增产量不增利润现象,企业成本压力不断扩大,成为制约企业进一步发展的重要因素。

2. 消费者信心走势判断

2017 年前三季度消费者信心指数虽有波动,但基本处于高位震荡运行。

初步判断,2018 年上海市消费者信心指数将维持高位运行,或有小幅上升。主要基于以下几点判断:

(1) 十九大的胜利召开为中国发展提振信心

十九大报告不仅聚焦当下,也着眼未来,是未来 30 年乃至更长时期内中国各方面发展的行动纲领,将对中国未来产生深刻、长远的影响。报告为中国未来的发展描绘了宏伟的蓝图,提出了经济平稳增长、人民安居乐业、稳定房价等切实目标,消费者对整体经济、就业形势、家庭收入、生活质量和耐用商品购买时机的信心在短期内得到了振奋。后续一系列有助于中国经济发展、解决民生问题、提高人民生活质量政策的出台,将会维持这股信心。

(2) 国内经济稳中向好态势不断巩固

前三季度,全国规模以上工业增加值同比增长 6.7%,增幅比上年同期提高 0.7 个百分点;社会消费品零售总额同比增长 10.3%,比上年同期提高 0.1 个百分点;外汇储备连续 10 个月回升;国际收支持续改善,进出口继续保持两位数增长,出口结构明显优化,既显示出我国应对外部风险冲击能力的提高,也反映出我国经济稳中向好的基本面。8 月份,IMF 完成和中国的"第四条款磋商"后认为,中国经济将继续转向更可持续的增长路径。

(3) 国际国内经济发展仍面临诸多挑战

美联储加息缩表将减少全球流动性;欧美等主要发达经济体经济复苏出现反复,美、法总统新政实施艰难,英国面临脱欧谈判牵涉国内政局,全球贸易保护主义有抬头迹象;叙利亚问题、朝鲜半岛问题、南海问题等引发全球金融界担忧。国内需求不振和产能过剩矛盾依然突出,转型升级和动能转换任务繁重,出口能否在纷扰的国际局势下保持增长目前仍难确定。同时一些潜在的风险,如房地产市场的风险、影子银行的风险、高杠杆和流动性的风险、信用风险、外部冲击的风险等不可小觑。

2017 年上海发展环境评估与 2018 年预测

一、 2017 年世界经济形势与 2018 年展望

1. 2017 年全球经济复苏强劲,整体向好

(1) 全球经济复苏整体性趋同

2017 年 2 季度,主要发达经济体经济同比增速基本都在 1.5% 以上,美国达到 2.2%,日本为 1.4%,表明发达经济体复苏趋向稳固。同时,新兴经济体经济同比增速开始由负转正,2 季度,巴西、俄罗斯、南非经济增速分别达到 0.3%、2.5%、1.1%(见图 1)。

图 1 2012～2017 年新兴经济体 GDP 季度同比增速

进一步分析,2017 年 10 月美国、欧元区制造业 PMI 继续保持高位运行,分别达到 58.7 和 58.5,其中美国制造业新订单 PMI 更是达到 63.4 的高水平;英国和日本制造业 PMI 分别为 56.3 和 52.8,整体保持上行趋势。9 月

份,巴西、俄罗斯、印度和印度尼西亚的制造业 PMI 分别为 50.9、51.9、51.2 和 50.4,较前期均有所上升。表明全球主要经济体内需良好,制造业景气度继续同步上行。

(2) 决策机构对经济复苏前景信心增强

2017 年 10 月,美联储正式启动缩表,货币政策由扩张阶段向稳健阶段转变,美联储加息表明美联储对经济复苏前景更加乐观。同时,加拿大央行于 2017 年 7 月、9 月分别加息 25 个基点;欧洲央行、日本央行及英格兰银行等虽没有把货币政策由宽松转向稳健,但可能收紧货币政策的信号已频频发出。主要发达经济体货币政策转向或预期转向稳健,体现出各国央行对本国及全球经济复苏前景的信心有明显恢复。

(3) 全球贸易与投资表现强势

2017 年 9 月 21 日,世界贸易组织将 2017 年全球贸易增长预期由此前的 2.4% 大幅上调至 3.6%,高于 2016 年的 3.2% 增速。全球贸易活动的逐渐回暖,推动新兴市场国家出口迎来显著增长,进而拉动了新兴市场国家的经济复苏(见图 2)。同时,新兴市场经济好转,也带动国际资本开始逐步回流。

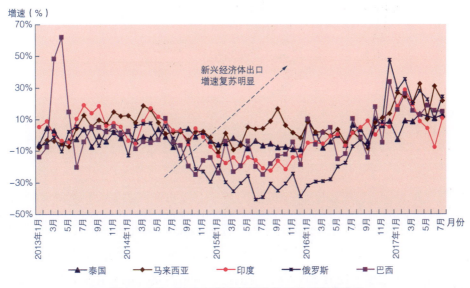

图 2　2013~2017 年新兴经济体出口月度同比增速

(4) 全球金融市场整体稳定

VIX 指数是衡量全球金融市场恐慌与风险程度的指标。2017 年,VIX

指数一直呈现下降趋势,已处于 2008 年金融危机以来的低点,表明全球金融市场风险逐步下降。同时,全球贸易回暖,新兴市场资本流入回升,有利于缓解美联储缩表对新兴经济体的流动性冲击。

2. 2018 年全球经济强劲复苏势头延续,但仍存隐患

基于信贷周期理论,可将整个信贷周期分为"加杠杆-泡沫破裂-去杠杆-泡沫挤出"四个阶段,据此可对全球主要经济体 2018 年经济形势进行判断(见图 3)。

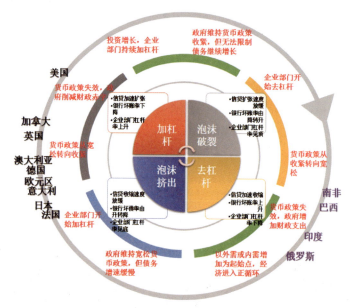

图 3　主要经济体在信贷新周期中的预判

(1) 美国经济继续上行

根据信贷周期理论,美国处于加杠杆中期阶段,信贷加速扩张带动美国消费和投资上行,支撑美国经济长期向好,而且飓风灾后重建等短期扰动因素也在一定程度上助力 2018 年经济向好。但值得关注的是在加杠杆阶段,会削弱经济复苏。货币政策紧缩会导致长期债息上升,使美国政府财政赤字加剧,制约财政政策空间,且特朗普税改的经济红利有限,2018 年美国经济仍存在不确定性(见图 4)。

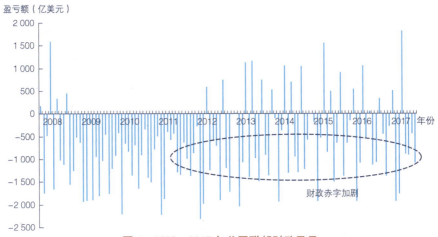

图 4　2008～2017 年美国联邦财政盈亏

（2）欧元区良性复苏

根据信贷周期理论,欧元区处于泡沫挤出后期阶段,企业部门杠杆率见底反转,支撑欧元区 2018 年经济运行在良性循环轨道上,会延续前期温和复苏走势,制造业强劲带来的就业增长将有力拉动消费需求。然而,在泡沫挤出后期阶段,欧元区央行未来可能进行货币政策调整,会给刚从债务危机中稍有缓解的欧洲政府和银行业带来压力(见图 5)。同时,地缘政治问题将对欧洲区域贸易均衡、欧盟政策协同等带来多重挑战。

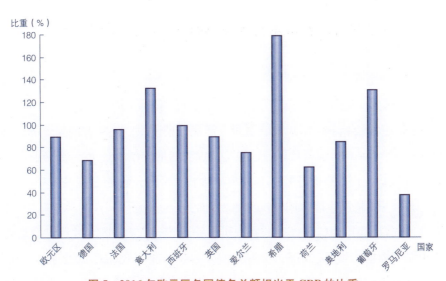

图 5　2016 年欧元区各国债务总额相当于 GDP 的比重

(3) 日本缓慢回升

根据信贷周期理论,日本处于泡沫挤出前期阶段,日本企业部门杠杆率下降,刺激 2018 年日本制造业景气可能继续向好,但向好态势弱于欧美,预计日本经济继续复苏,增速或缓慢抬升。但在泡沫挤出前期阶段,信贷由收缩向扩张过渡,导致 2017 年日本"信贷缺口"(信贷相当于 GDP 的比例与历史长期趋势的差值)回升较快,1 季度已经达到 7％的水平,距离警戒线仅有 3 个百分点,预计 2018 年有突破 10％警戒线(历史经验值)的可能性,容易爆发金融危机。

(4) 新兴市场内生动力增强

根据信贷周期理论,新兴市场多数处于去杠杆阶段,外需内需开始回暖,经济进入正循环。在外部需求向好和内部改革持续推动的共同作用下,2018 年多数新兴经济体内生增长动力趋于增强,有可能逐步摆脱持续多年的低迷状态。但仍然存在隐忧,美国货币政策转变,可能会导致前期流入新兴市场的资本回流以美国为代表的发达经济体。同时,由于处于去杠杆阶段,新兴市场货币政策效果不佳,汇率可能会受到跨境资本无序流动的冲击。

二、 2017 年我国经济形势与 2018 年展望

1. 2017 年我国经济运行平稳,内生增长动力增强

(1) 制造业生产企稳回升

从历史看,我国制造业经历了四次产能周期,每个周期一般持续 6～11 年,目前正处于自 2009 年开始的第四轮产能周期阶段。伴随着国际经济逐渐复苏和供给侧结构性改革与环境督查"去产能"的推进,带动一些传统产业产能出清,本轮产能周期或已近尾声,2018 年产业投资可能会触底反弹(见图 6)。

2017 年,制造业逐步回暖反弹,一方面是设备更新需求,推动挖掘机、推土机、装载机和压路机为代表的工程机械销量增速大幅回升;另一方面是新一轮库存周期的支撑,2016 年 8 月以来,工业企业产成品存货增速从 2016 年 6 月底部的－1.9％开始回升,到 2017 年 4 月达到高点 10.4％,之后有所

图 6　改革开放后中国的四轮产能周期

回落。与此同时,新一轮库存周期开始推动制造业投资逐步回升,从 2016 年 8 月的 2.8% 的历史低位开始向上运行,2017 年 10 月回升到 4.1%。

(2) 三大需求"一升两稳"

2017 年,三大需求表现都较为稳健。消费增速全年在震荡中维持较快增长,投资增速温和回落,出口在外部经济强劲复苏与国内制造业回暖的共同作用下快速回升(见图 7)。

投资增速温和回落:2017 年 1~10 月,固定资产投资同比增长 7.3%,而上年同期是 8.3%,增速有所回落。其中,房地产开发、工业、基建投资增速分别达到 7.8%、4.1% 和 15.9%。基建投资增速相对更为稳定,主要是 2017 年积极的财政政策力度较强,1~10 月财政支出 16.3 万亿元,同比增长 9.8%,增幅较上年同期回落 0.2 个百分点。

消费稳步增长:2017 年国内商品零售增速平稳,1~10 月达到 8.4%,较上年同期提高 0.5 个百分点。其中,体育、娱乐用品类、化妆品类、金银珠宝类和石油及制品类消费增速表现更为抢眼,1~10 月增速分别达到 17.6%、12.5%、6.4% 和 8.9%,增速较上年同期提高 5 个、4.5 个、7.3 个和 8.8 个百分点,而由于受到购置税优惠政策减弱和房地产调控政策趋紧的影响,汽车

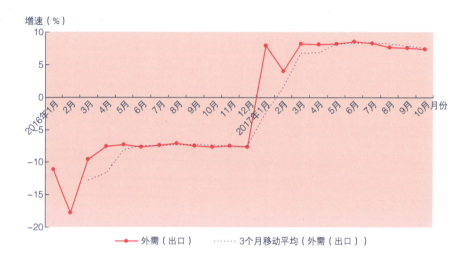

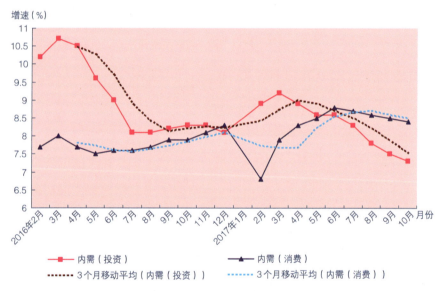

图7 2016～2017 年全国出口、投资、消费累计同比增速

与建材行业的相关消费需求增速有所回落。

出口快速回升：2017 年，全球经济强劲复苏，为我国出口稳定增长提供了较好的外部环境。1～10 月出口增速达到 7.4％，较上年同期提升 15.1 个百分点。其中，机电产品是出口主力，机电产品出口额占总出口额的 57.8％。值得注意的是高新技术类产品出口增速明显提升，达到 8.8％，较上年同期提高 16.7 个百分点。其中，生物技术类产品、材料技术类产品和生命科学技术类产品出口增速表现突出,分别达到 18.7％、57.5％和 15.4％。

2. 2018 年我国经济继续稳中向好,稳定增长的基础更坚实

国际货币基金组织(IMF)对我国 2017 年和 2018 年的 GDP 增速最新预测分别上调 0.1 个百分点,至 6.8％和 6.5％。同时,摩根士丹利、瑞银对我国 2018 年 GDP 增速最新预测分别为 6.5％和 6.4％。这表明国际经济组织和机构对我国经济周期性回升态势持乐观态度。

(1) 消费继续保持平稳

一是 2017 年国内消费者信心指数处于 2007 年以来的新高,意味着居民消费需求比较旺盛(见图 8)。二是国内三四线城市正处于消费升级时期,将在一定程度上有利于 2018 年消费需求继续保持平稳。三是我国正处于从中等收入国家向高收入国家进行转变,人均收入水平的提高将推动居民消费需求"量增质提"。四是随着精准扶贫的推进,贫困人口的脱贫也为 2018 年消费需求带来新的增长点。

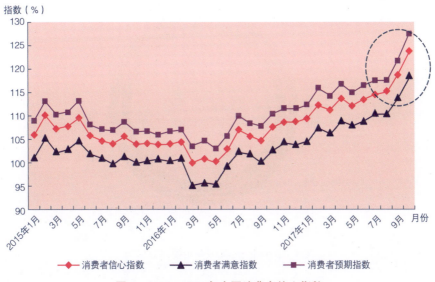

图 8　2015～2017 年中国消费者信心指数

（2）投资需求仍有支撑

一是随着 2017 年精准扶贫和棚户区改造等民生项目的推进，2018 年基建投资仍将保持稳定。二是本轮库存周期接近尾声，有利于推动 2018 年制造业投资逐步回升。

（3）出口继续保持景气

2018 年全球经济向好态势将继续为中国出口提供稳定的外需环境。同时，2017 年 5 月央行调整外汇风险准备金，推动中国人民币国际化的进程，为中国出口稳定提供了良好的汇率环境。进一步看，经过 10 年的发展，我国的出口国别结构有所改善，2016 年东盟超越日本，接近香港，成为中国第三大贸易伙伴。同时，对美、欧等传统贸易伙伴的贸易额占比均有所下降（见图 9），更加均衡的贸易伙伴关系有利于出口继续保持稳定。结合"一带一路"建设逐渐推进、美国退出 TPP 给中国贸易腾挪空间及中美贸易战概率大幅下降等因素看，2018 年中国外贸增速有望进一步提升。

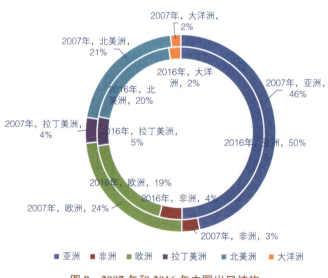

图 9　2007 年和 2016 年中国出口结构

三、 2018 年国内外环境对上海经济发展的影响

1. 有利于推进金融中心建设

VIX 指数持续下跌,表明全球金融市场风险逐渐下降;新兴市场资本流入回升,有利于缓解美联储缩表对新兴经济体的流动性冲击,从而为上海金融中心建设提供较稳定的外部金融市场环境。

2. 有利于推进贸易与航运中心的建设

全球经济复苏强劲,PMI 指数长期处于荣枯线之上,为上海自贸试验区与航运中心的建设提供了良好的外部环境。同时,上海新型贸易业态不断涌现,口岸进出口规模已超越香港、新加坡等传统国际贸易中心城市,且海港枢纽、空港枢纽吞吐量逐年攀升,基本形成规模化、集约化、快捷高效、结构优化、与全球枢纽节点地位相匹配的现代化航运集疏运体系,为上海贸易与航运中心的建设提供了充足的内生动力。

3. 有利于发挥创新战略优势

2017 年,研发支出的 GDP 核算方法改革表明国家对研发的持续投入和研发对经济的带动能力越来越重视。上海将能更好地发挥科技创新优势,加速建设具有全球影响力的科创中心。截至 2017 年 8 月,落户上海的外资研发中心累计达 416 家,占内地总数的四分之一,居全国之首,其中投资超过 1 000 万美元的有 20 家左右。

4. 有利于推进上海消费升级

2017 年 3 季度上海消费者信心指数达到 121.4,是自 2012 年以来的高

点（见图 10）。随着国内经济回暖，上海消费者对未来经济的预期不断提升，进而刺激 2018 年消费逐步回升，也有助于推进上海消费升级。

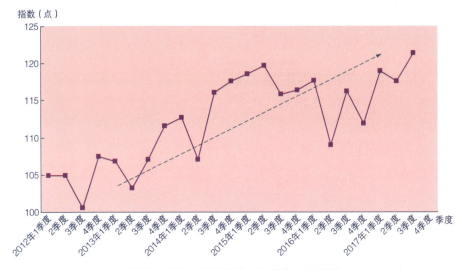

图 10 2011～2017 年上海消费者信心指数

分 报 告

需求篇

2017 年上海投资评估与 2018 年预测

2017 年,在经济整体企稳回升的大背景下,上海固定资产投资呈现投资规模稳步增长,投资结构持续改善的运行态势,预计全年将突破 7 100 亿元,比上年同期增长 5.0％左右。预计 2018 年全年固定资产投资继续保持稳步增长。

一、 2017 年上海固定资产投资概况和分析

1. 固定资产投资规模平稳增长

2017 年,上海固定资产投资同比增速总体呈现先回落后平稳的走势。随着上半年建设项目和房地产开发投资增速的下降,全市固定资产投资增速总体呈现回落,1～7 月增幅最低,8 月份后随着建设项目投资增速的回升,全市投资增速企稳。1～11 月,上海完成固定资产投资 6 166.43 亿元,比上年同期增长 6.9％,增速比 1～10 月加快 0.1 个百分点。其中,建设项目完成投资 2 754.09 亿元,增长 12.1％,占全市固定资产投资的 44.7％;房地产开发完成投资 3 412.34 亿元,增长 3.0％,占 55.3％(见图 1)。

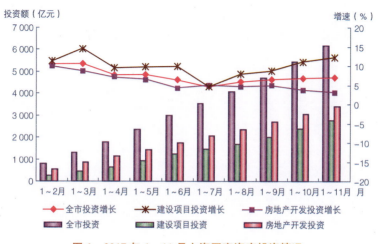

图 1　2017 年 1～11 月上海固定资产投资情况

（1）建设项目投资增长较快，主要领域投资呈现"两增一降"的态势

① 城市基础设施投资保持较快增长。

上海围绕补短板、调结构、促创新、惠民生开展多项基础设施建设。1～11 月，在公用事业和市政建设投资快速增长的带动下，上海城市基础设施完成投资 1 388.52 亿元，比上年同期增长 11.8%，增速比 1～10 月加快 0.2 个百分点。从分类看，电力建设和邮电通信投资呈现下降，交通运输、公用事业和市政建设投资均呈现增长（见表 1）。

表 1　2017 年 1～11 月上海城市基础设施投资情况

分　　类	投资额（亿元）	同比增长（%）	占比（%）
合　计	1 388.52	11.8	100.0
电力建设	110.76	−14.6	8.0
交通运输	732.92	6.0	52.8
邮电通信	81.81	−8.0	5.9
公用事业	80.78	27.1	5.8
市政建设	382.26	42.8	27.5

② 工业投资小幅增长，制造业投资增速较快。

2017 年，上海进一步关注实体经济发展，同时工业生产的持续回升也带动了工业投资回暖，1～8 月工业投资增速开始由负转正。1～11 月上海工业完成投资 873.60 亿元，比上年同期增长 5.4%，增速比 1～10 月加快 1.3 个百分点（见图 2）。其中，制造业完成投资 679.62 亿元，增长 7.2%；电力、热力、燃气及水生产和供应业完成投资 193.13 亿元，下降 1.0%。

图 2　2017 年 1～11 月上海工业投资增长情况

③ 社会事业投资下降,但教育投资增长 16.7%。

1~11 月,上海社会事业完成投资 179.10 亿元,比上年下降 21.6%,降幅比 1~10 月收窄 8.4 个百分点。其中,教育,卫生和社会工作,公共管理、社会保障和社会组织,分别完成投资 76.67 亿元、45.09 亿元和 13.98 亿元,增长 16.7%、0.7%和 32.1%;文化、体育和娱乐业完成投资 43.35 亿元,下降 59.6%。

(2) 房地产开发投资增速回落,住宅投资占比超五成

2016 年以来,国家采取了一系列因地制宜、因城施策的房地产调控政策,调控效果明显。1~11 月,上海房地产开发完成投资 3 412.34 亿元,比上年同期增长 3.0%,增速分别比上半年和 1~10 月回落 1.1 个和 0.7 个百分点;占全市固定资产投资的 55.3%,比重同比下降 2.1 个百分点。从投资构成看,建筑工程和安装工程投资分别完成 1 742.27 亿元和 109.88 亿元,下降 3.4%和 43.0%;设备、工器具购置和其他费用分别完成 26.20 亿元和 1 533.98 亿元,增长 31.7%和 18.2%。

在房地产开发投资中,住宅、商业营业用房和其他用房投资增长,办公楼投资下降(见表 2)。其中,住宅完成投资 1 917.13 亿元,比上年同期增长 7.5%,占房地产开发投资的 56.2%。

表 2   2017 年 1~11 月上海房地产开发投资情况

类　别	投资额(亿元)	同比增长(%)	占比(%)
合　计	3 412.34	3.0	100.0
住　宅	1 917.13	7.5	56.2
办公楼	557.58	−8.6	16.3
商业营业用房	450.82	0.2	13.2
其他用房	486.81	3.5	14.3

2. 固定资产投资结构持续改善

(1) 制造业投资呈现复苏态势

上海各级政府积极响应中央"脱虚向实"号召,对实体经济的重视程度和扶持力度明显加强。1～11月,上海制造业完成投资 679.62 亿元,比上年同期增长 7.2%。本年新开工计划总投资亿元及以上制造业项目共 125 个,增加 28 个;本年完成投资 135.18 亿元,增长 28.9%。从行业看,工业六个重点发展行业完成投资 462.80 亿元,增长 1.7%,占制造业投资比重为 68.1%。其中,汽车制造业、精品钢材制造业和成套设备制造业投资保持增长(见表3)。

表3 2017 年 1～11 月上海工业六个重点发展行业投资情况

行　　业	投资额(亿元)	同比增长(%)
合　计	462.80	1.7
电子信息产品制造业	137.66	－4.6
汽车制造业	137.05	20.6
石油化工及精细化工制造业	45.51	－20.2
精品钢材制造业	34.53	5.4
成套设备制造业	74.13	17.6
生物医药制造业	33.92	－23.7

(2) 第二产业和第三产业投资齐头并进

2017 年上海经济运行总体平稳,二、三产业正在形成一个更协调的发展格局。1～11月,上海第一产业完成投资 1.02 亿元;第二产业完成投资 875.45 亿元,比上年同期增长 5.2%,占全市固定资产投资的 14.2%;第三产业完成投资 5 289.97 亿元,增长 7.2%,占 85.8%,比重比上年同期提高 0.3 个百分点(见表4)。

表4 2017 年 1～11 月上海固定资产投资按三次产业划分情况

分　　类	1～11 月		上年同期		比上年同期增长(%)
	完成投资额(亿元)	比重(%)	完成投资额(亿元)	比重(%)	
全　市	6 166.43	100.0	5 770.38	100.0	6.9
第一产业	1.02	0.0	3.35	0.1	－69.5
第二产业	875.45	14.2	832.31	14.4	5.2
第三产业	5 289.97	85.8	4 934.72	85.5	7.2

从第三产业内部分类看,房地产业投资增速有所回落,科学研究和技术服务业,水利、环境和公共设施管理业完成投资呈现快速增长势头,分别完成 40.55 亿元和 604.65 亿元,增长 43.6% 和 79.5%。

(3) 民间投资增长较快,非国有投资占比逾七成

2016 年以来国家在促进民间投资增长方面出台了一系列的政策措施,同时还加大了对民间投资的督导检查,这些政策措施进一步激活了民间投资的活力。1～11 月,上海民间投资 2 384.31 亿元,比上年同期增长 13.9%,占全市固定资产投资的 38.7%,比重同比提高 2.4 个百分点。在民间投资增长的带动下,上海非国有经济投资完成 4 377.43 亿元,增长 2.3%,占全市固定资产投资的 71.0%。同时,国有经济投资 1 789.00 亿元,增长 20.0%,占 29.0%。

3. 固定资产投资运行中需要重点关注的情况

(1) 工业投资规模有待进一步扩大

近年来,受产业结构深入调整和建设项目环境影响评价标准日趋严格的影响,上海不少新企业、大项目难以"落地",建设规模超百亿元级"落地"的大项目屈指可数,且汽车、钢铁和化工行业的已有大企业,正不断将投资重心由上海向外省市转移,在市内的投资规模不断萎缩,上海工业投资陷入"低潮期",全市工业投资规模仍有待进一步扩大。

(2) 民间投资仍以工业和房地产业为主,投资活力有待进一步激发

2017 年,上海民间投资保持较快增长,但从投向结构看,1～11 月,房地产开发和工业投资合计占民间投资的 92.4%,比重较上年同期提高 1.3 个百分点。城市基础设施领域的综合开发及文化、卫生医疗和养老服务等社会事业领域的民间投资较少,上海民间投资的活力有待进一步激发(见表 5)。

(3) 受房地产市场成交低迷影响,建设资金略显紧张

1～10 月,上海到位的建设资金合计 10 050.85 亿元。其中,本年实际到位资金 7 015.27 亿元,比上年同期下降 9.2%。从资金来源看,国家预算资金和自筹资金增长;国内贷款、利用外资和其他资金(主要包括房地产开发投资中的定金、预付款及个人按揭贷款)下降,其他资金下降是本年到位资金下降的主要因素(见表 6)。

表5　2017 年 1～11 月上海主要领域民间投资基本情况

分　类	1～11 月		上年同期		比上年同期增长（%）
	完成投资额（亿元）	比重（%）	完成投资额（亿元）	比重（%）	
民间投资	2 384.31	100.0	2 092.47	100.0	13.9
＃工业	282.96	11.9	252.29	12.1	12.2
房地产开发	1 919.50	80.5	1 653.53	79.0	16.1

表6　2017 年 1～11 月上海固定资产投资资金来源情况

资金来源	到位建设资金（亿元）	同比增长（%）	占比（%）
本年实际到位资金	7 015.27	−9.2	100.0
＃国家预算资金	608.80	54.8	8.7
国内贷款	1 726.82	−2.1	24.6
利用外资	17.37	−1.1	0.2
自筹资金	2 462.20	4.2	35.1
其他资金	2 182.96	−31.5	31.1

二、 2018 年上海固定资产投资形势的初步判断

1. 2017 年上海固定资产投资者信心指数高位运行,出现小幅回落

2017 年,根据上海固定资产投资意向调查结果①编制的 2017 年上海固定资产投资者信心指数②为 122.50 点,继续维持高位运行态势,但由于房地产调控政策影响房地产开发投资等因素,造成投资者信心指数比上年回落

---

① 固定资产投资意向调查是自 2005 年起,上海市统计局和上海市发展和改革委员会每年联合进行一次的全市范围内对于当年固定资产投资预测和下年投资发展趋势判断的抽样调查。

② 固定资产投资者信心指数是利用投资意向调查汇总结果,根据扩散指数和合成指数原理计算得出。信心指数的区间为[0,200],信心指数的数值越大,代表投资者信心越强。

2.36 点(见图 3)。

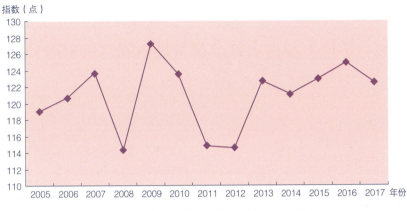

图 3　2005～2017 年上海固定资产投资者信心指数

2. 2018 年上海固定资产投资环境预期继续改善

党的十九大精神将引领我国经济行稳致远,上海要坚定不移地实施好自贸试验区和科创中心建设两大国家战略,继续当好全国改革开放排头兵、创新发展先行者。在这样的背景下,众多投资者对 2018 年上海固定资产投资环境的改善充满信心。从调查结果看,有 24.6％的调查单位认为 2018 年上海固定资产投资环境好于 2017 年,比 2016 年调查结果显著提高 3.8 个百分点;认为 2018 年上海投资环境不如 2017 年或难以判断的分别为 6.0％和 18.3％,同比下降 2.9 个和 0.3 个百分点。

3. 2018 年上海固定资产投资规模有望稳步扩大

从固定资产投资意向调查结果看,在 2017 年有固定资产投资行为的 657 家调查单位中,表示 2018 年将会继续保持或者增加固定资产投资规模的单位有 460 家,占 70.0％,比 2016 年调查结果提高 1.0 个百分点;在 2017 年未发生固定资产投资的 750 家调查单位中,表示 2018 年将进行投资的单位有 124 家,占 16.5％,下降 3.0 个百分点。根据调查单位对 2018 年本单位固定资产投资量的预期,对 2018 年上海固定资产投资增速作出预计 2018 年上海固定资产投资将小幅增长。

三、 保持上海固定资产投资健康发展的对策建议

党的十九大报告提出,我国经济已由高速增长阶段转向高质量发展阶段,现在正处在转变发展方式、优化经济结构、转换增长动力的攻关期。2018 年是实施"十三五"规划的中间年,上海应在合理增加投资规模的同时继续优化投资结构、产业结构,在经济结构转型的基础上实现更高质量、更有效率、更加公平、更可持续的发展。

1. 继续以推进供给侧结构性改革为主线,优化投资结构

在"十三五"期间,继续以推进供给侧结构性改革为主线,以自贸试验区改革为突破口,以科技创新中心建设为重要载体,深入推进创新驱动发展、经济转型升级。围绕供给侧结构改革,抓好重点领域和关键环节,做好重大项目的规划和落地,保障有效的投资规模。淘汰落后产能,以"减法"换"加法",推进高端制造业的创新和发展,构建绿色技术创新体系,壮大节能环保产业、清洁生产产业、清洁能源产业,促进技术设备更新改造,拓展产业发展的空间。继续减少经济发展对房地产开发投资的依赖,加快现代服务业的发展,充分发挥其对经济发展和结构调整的巨大推动作用。加大保障和改善民生类投资,加强城市建设,不断满足人民群众日益增长的美好生活需要,让人民群众有更多获得感、安全感和满意度。

2. 保持房子"居住"的基本属性,促进房地产市场平稳发展

2017 年以来,上海加强房地产市场调控不动摇、不放松,房地产市场热度得到有效抑制,房地产开发投资增速自上半年来已连续六个月维持在 5% 以内。党的十九大报告中再次强调"房子是用来住的、不是用来炒的"。"十

三五"期间,上海应进一步盘活土地总量,完善土地供给方式,调整结构增加有效供给;保证合理的投资规模,在开发过程中增加更多中小套型的比例满足市场需求;加快建立多主体供应、多渠道保障、租赁并举的住房制度。

3. 拓宽民间投资领域,进一步激发民间投资活力

上海民间投资在增长较快的同时依然存在投资项目局限于房地产开发和传统工业领域、建设项目的投资平均规模较小、建设项目到位资金下降等短板。上海固定资产投资意向调查也显示,民间投资调查单位认为市场准入、财政资金直接扶持和土地政策是最需优化的政策。因此,随着国家一系列鼓励政策的出台,上海应继续加大落实力度,确保简政放权,跟踪服务好企业,培育创新创业良好氛围,进一步激发民间投资活力。

2017 年上海消费市场评估与 2018 年预测

2017 年,上海消费品市场运行态势总体平稳,部分指标回暖趋势明显,零售新业态蓬勃发展,商业转型升级加快。

一、 2017 年上海消费品市场运行概况及分析

1. 2017 年上海消费品市场概况

(1) 社会消费品零售总额突破 1.08 万亿元,增长 8.1%

2017 年 1~11 月,上海实现社会消费品零售总额 1 0767.39 亿元,比上年同期增长 8.1%,增幅比 2016 年全年提高 0.1 个百分点,比上年同期提高 0.3 个百分点。总体而言,上海社会消费品零售总额走势与全国保持一致,消费品市场从 2012 年起结束两位数增长的发展阶段,平稳增长已是常态(见图 1)。

图 1　2010~2017 年全国及上海消费品零售总额累计增速

（2）汽车零售增速快速下滑，制约了社会消费品零售总额增速的提高

2017 年年初以来，汽车类商品零售快速增长的势头受到抑制。1～11 月，上海小客车及轿车上牌量 40.99 万张，比上年同期下降 9.1%（2016 年 1～11 月，同比增长 33.3%）；汽车零售额增速从 13.1% 回落至 0.7%，对社会消费品零售总额增长的贡献率从 26.2% 回落至 1.4%。

1～11 月，全市社会消费品零售总额名义增长 8.1%，若扣除汽车类商品，名义增速将提高到 9.5%。根据上海商品零售价格水平初步测算，剔除价格因素后，上海社会消费品零售总额实际增长 7.4%，若扣除汽车类商品，实际增速可达到 8.5%（见表 1）。

表 1　2017 年 1～11 月上海社会消费品零售总额名义增速、实际增速

单位：%

类　　　别	名义增速	实际增速
社会消费品零售总额	8.1	7.4
社会消费品零售总额（扣除汽车类）	9.5	8.5

2. 2017 年上海消费品市场结构特点

（1）零售行业盈余能力显著增强，大部分行业利润率有所提高

1～11 月，上海限额以上零售企业零售额比上年同期增长 6.0%。从行业构成看，综合零售企业零售额占 21.2%，比上年同期增长 2.7%；纺织服装及日用品专门零售企业零售额占 20.7%，增长 20.1%；汽车摩托车燃料及零配件专门零售企业零售额占 27.1%，增长 0.6%；货摊无店铺及其他零售企业零售额占 16.4%，增长 8.1%（见表 3）。

从营利情况看，1～9 月，限额以上零售企业主营业务利润率为 2.1%，比上年同期提高 1.6 个百分点，盈利能力显著增强。9 类零售行业中，7 类行业利润率不同程度有所提高。其中，纺织服装及日用品专门零售企业利润率为 5.8%，提高 4.5 个百分点，增幅最为显著；其次是文化体育用品及器材专门零售企业，利润率为 2.0%，提高 2.4 个百分点；综合零售企业利润率为 2.4%，提高 1.6 个百分点；货摊无店铺及其他零售企业利润率为 −1.3%，止损 1.9 个百分点;汽车摩托车燃料及零配件专门零售企业利润率为 1.8%,提高 0.1 个百分点(见表 2)。

表 2 2017 年 1～11 月上海限额以上零售企业基本情况(分行业)

单位:%

行 业 类 别	零售额构成	零售额增长	主营业务利润率	
			2017 年 1～9 月	2016 年 1～9 月
限额以上零售企业合计	100.0	6.0	2.1	0.5
综合零售	21.2	2.7	2.4	0.8
食品饮料及烟草制品专门零售	1.6	1.6	−0.2	0.0
纺织服装及日用品专门零售	20.7	20.1	5.8	1.3
文化体育用品及器材专门零售	2.5	12.1	2.0	−0.4
医药及医疗器材专门零售	3.9	7.3	3.4	3.4
汽车摩托车燃料及零配件专门零售	27.1	0.6	1.8	1.7
家用电器及电子产品专门零售	5.1	−9.9	0.4	0.6
五金家具及室内装饰材料专门零售	1.5	16.2	−0.1	−1.8
货摊无店铺及其他零售业	16.4	8.1	−1.3	−3.2

注:主营业务利润率＝营业利润/主营业务收入×100%。

(2) 各零售业态零售额增加,实现增利或止损

从业态构成看,1～11 月,便利店、超市、大型超市及百货店零售额占比合计 21.0%,分别增长 4.0%、48.6%、0.4% 和 5.3%;专业店零售额占 15.9%,比上年同期下降 3.3%;专卖店零售额占 37.6%,增长 9.3%;网上商店零售额占 15.7%,增长 10.3%(见表 4)。

从营利情况看,1～9 月,限额以上零售企业中:便利店利润率为−1.5%,专业店利润率为 2.5%,与上年同期基本持平;大型超市利润率为 0.8%,比上年同期提高 1.6 个百分点;百货店利润率为 4.3%,提高 1.8 个百分点;专卖店利润率为 3.6%,提高 2.6 个百分点;超市利润率为−2.3%,止损 6.4 个百分点;网上商店利润率为−1.3%,止损 2.7 个百分点(见表 3)。

表 3　2017 年 1～11 月上海限额以上零售企业基本情况（分业态）

单位：%

业 态 类 别	零售额构成	零售额增长	主营业务利润率	
			2017 年 1～9 月	2016 年 1～9 月
限额以上零售企业合计	100.0	6.0	2.1	0.5
有店铺	80.2	5.0	2.8	1.1
＃便利店	2.5	4.0	－1.5	－1.4
超市	0.8	48.6	－2.3	－8.7
大型超市	8.3	0.4	0.8	－0.8
百货店	9.4	5.3	4.3	2.5
专业店	15.9	－3.3	2.5	2.4
专卖店	37.6	9.3	3.6	1.0
无店铺	19.8	9.5	－0.3	－2.6
＃网上商店	15.7	10.3	－1.3	－4.0

3. 2017 年上海消费品市场需要关注的问题

（1）零售市场以基础消费品为主，消费热点缺乏可持续性

上海消费品市场依靠热卖单品拉动的特征较为明显，消费热点缺乏可持续性。2015 年前三季度，苹果手机是大众消费热点，其后汽车取代成为新增长点，从 2015 年 11 月之后，汽车消费需求出现持续井喷。2017 年，汽车市场面临需求释放后的调整，增速已出现明显下滑。

1～11 月，汽车零售额增速比 2016 年同期明显回落，占社会消费品零售总额的比重为 15.3％，同比下降 1.0 个百分点。汽车消费退潮，新兴热销单品尚未出现，食品、衣着等基础消费品仍是保持零售市场增长的稳定器。1～11 月，粮油食品饮料烟酒类零售额增速从上年同期的 4.1％提高到9.7％，服装鞋帽纺织品类商品零售额增速从 11.5％提高到 17.3％，这两类商品零售额占社会消费品零售总额比重分别达到 14.2％和 20.3％，分别比上

年同期提高 0.3 个、2.0 个百分点(见图 2)。

图 2　2016 年和 2017 年上海批发和零售业零售额构成

(2) 零售业态内部发展不均,主要依靠热卖商品和龙头企业拉动

专业、专卖店零售额集中在热销商品。1～11月,限额以上专业店零售额中,石油及制品类商品占 21.0%,汽车类商品占 47.3%;限额以上专卖店零售额中,服装类商品占 26.9%,汽车类商品占 39.7%。

其他零售业态内部发展不均,龙头企业独大。例如,百货业中,新世界、八佰伴和久光百货盈利能力稳居前列,但部分知名百货公司持续亏损;在"绿地优鲜"和"盒马鲜生"的强势拉动下,限额以上超市零售额 1～11 月增速高达 48.6%,增速在各业态中位列第一(2016 年 1～11 月,限额以上超市零售额增长 2.8%);电商行业以"京东"(上海圆迈贸易有限公司)为马首,1～11 月,限额以上网上商店零售额中,京东总量占到 53.5%。

二、 2018 年上海消费品市场发展趋势

1. 总体判断

展望 2018 年,上海消费品市场发展仍然面临诸多结构性矛盾及不确定因素的挑战,创造新供给、满足新需求和推动消费升级仍是商贸发展的主线,预计社会消费品零售总额总体将保持平稳增长态势,全年增长 7.0%左右。

2. 2018 年影响上海消费品市场发展的主要因素

上海商业已进入转型升级的关键阶段,创造新供给、满足新需求和推动消费升级仍是商贸发展的主线。从近期看,上海消费品市场发展还面临一些不确定性因素的影响,主要包括:

(1) 电商巨头和实体企业纷纷试水新业态,"新零售"成燎原之势尚需时日

随着流量红利的逐渐消失,电商巨头们开始联手线下商家,打造"新零售"。这轮线上线下融合中,电商平台主动牵手传统零售渠道,电商巨头通过战略入股、收购等手段快速渗透至线下。2017 年 5 月,阿里巴巴集团收购上海联华超市 18% 的内资股股权,成为第二大股东。该举标志着阿里巴巴将在上海进一步试水新零售。京东则联手永辉超市,并与沃尔玛达成战略合作。同时,随着信息科技及互联网技术的应用和发展,上海商业零售实体企业步入数字化再造阶段,以消费者体验为中心的数据驱动泛零售形态逐步清晰。随着"90 后"以及"00 后"新消费群体的形成,带有文化、运动以及动漫等元素的商业消费受到热捧。动漫、电影以及游戏类项目也受沪上消费者青睐。目前的新零售需求端正在逐步成型但尚未定型。消费端消费者日趋数字化,但是数据消费者增加未必会带动线上消费,更多是一种支付习惯的培养。电子商务野蛮生长的阶段已经结束,开始回归商业本质。展望未来,互联网和传统产业的融合还会不断提速,产业边界必将一个一个被打破,未来将继续涌现出形式多样的商业模式。新零售业态如同星星之火,但如何形成燎原之势,尚需市场大浪淘沙的检验。

(2) 居民消费逐步升级,但改善性消费需求释放并不稳定

随着居民收入水平提高,庞大的中产阶层已经形成。同时,"90 后""00 后"正在成为消费主力军,都将对消费需求端结构产生巨大影响。消费者由物质型消费转向体验型消费,消费重心由商品数量向商品质量以及附加服务转移的趋势日益显著。虽然居民有改善生活质量的强烈需求,但消费力释放并不稳定。内需市场建设和居民收入预期、消费心理息息相关。2015年至 2016 上半年,上海房产交易量持续井喷,成交价节节攀升,房市火爆很

大程度上分流了居民储蓄,直接影响居民现金消费支出。2017年以来,房市成交量的低迷,与房产相关的家电、家装消费也被挤压。汽车市场面临需求释放后的调整,增速已出现明显下滑。迪士尼开园及二孩政策放开并没有带来预期的消费新增长点。

(3) 零售业渠道下沉到三四线城市,很大程度分流了上海零售额

一线城市地租上涨及人工费高企,零售企业的利润已很难再有大的突破,电商、超市、百货以及专卖店纷纷向二三线甚至是四线城市进军。零售龙头企业纷纷下沉,抢先布局,此举也将很大程度上分流上海零售额。例如,京东超市宣布加快在全国三四线城市的布局,大力推行"京东超市百城行"活动。城市级别越低,京东超市用户增长幅度越高,三四线城市用户量在2016年下半年快速增长,已经接近一二线城市,发展潜力巨大。沃尔玛宣布预计未来三年将在中国开设100家新店,计划中包含三四线城市。优衣库将继续扎根于中国市场,加快开店步伐,未来将以每年80到100家的速度在华开店,并计划未来在中国开1 000家店铺,并将店铺深入到二三线城市。

(4) 零售企业经营困局仍旧存在,并承接来自上游制造业的供需失衡压力

传统零售企业自身存在着升级变革的内在驱动,需要适应消费市场变化,发展线上线下销售。经过前期经营、整顿和改革,部分零售企业开始摆脱困境,但整体零售企业的经营困局仍旧存在。需要注意的是,零售环节的滞销和经营欠佳,除了实体零售企业自身经营方式滞后的原因,同时还因为其承担着从生产制造环节传导过来的供需失衡压力。近年来,出国旅游购物、海淘代购的热潮汹涌而至。从早期的女包、化妆品和香水到现阶段的婴儿配方奶粉、营养早餐麦片等日常生活用品,国人跨境购物热情后面反映的是中国制造业的尴尬境地,这种供需不对称最终在零售环节爆发和体现。

三、 对促进2018年消费增长的对策建议

1. 增加居民收入,增强消费信心,促进消费升级

上海消费品市场依赖热卖单品拉动,改善性消费支出不可持续,根本原

因在于居民消费信心不足。2016 年以来，上海人均可支配收入同比增速在 8.4%～8.9%之间波动，人均消费支出增速在 5.7%～8.7%之间波动。消费增速波动较大且往往低于收入增速。建议进一步完善社会保障体系，实现居民收入稳定增长，改善居民消费预期，扩大内需市场，促进消费升级换代。

2. 引导中小企业创新发展，提高竞争力

上海零售转型发展过程中，龙头企业良性发展，大量中小型企业仍经营困难。新零售的兴起为中小企业的突围创造了良好环境，准确把握消费群体需求占领细分市场，中小企业仍大有可为。建议有关部门出台相关政策，完善多层次资本市场，落实税收支持政策，支持中小企业通过技术创新、管理创新、商业模式创新等多种途径转型升级，实现商贸企业共同繁荣发展。

3. 加强大数据开发应用，加强政府监管和服务功能

上海作为商业改革创新的前沿阵地，能否抓住新技术变革和新消费需求带来的重大机遇，成为实现新一轮商业发展的关键。一方面，政府部门应与企业开展紧密合作，以消费者数据为平台，监控消费升级动向，推动产业链重构；另一方面，政府税收、贸易等政策都将面临诸多新挑战，应加强调研，了解政策缺口，切实解决企业转型发展遇到的新问题。

2017 年上海对外贸易评估与 2018 年预测

2017 年，受全球经济复苏势头改善、大宗商品价格回升、国内经济回暖、贸易结构持续优化等多种因素综合影响，上海货物贸易实现较快增长，结构进一步优化，动力转换加快，回稳向好势头进一步巩固。

一、2017 年上海货物贸易运行概况及分析

1. 2017 年上海货物贸易总体概况

(1) 进出口大幅回升，进口好于出口

2017 年，上海对外货物贸易持续回稳向好，进出口总额实现较快增长。1~11 月累计实现进出口总额 29 370.67 亿元，比上年同期增长 14.7%，增速高于上年同期 13.7 个百分点，呈现快中趋稳态势（见图 1）。

图 1　2016 年 1 月以来上海外贸进出口总额增速走势

依托不断提升的城市口岸功能以及产业结构优化升级效应，1~11 月上海实现外贸进口额 17 446.34 亿元，比上年同期增长 18.7%，增速高于上年同期 15.5 个百分点；实现外贸出口额 11 924.33 亿元，增长 9.3%，增速高于上年同期 11.1 个百分点（见图 2）。

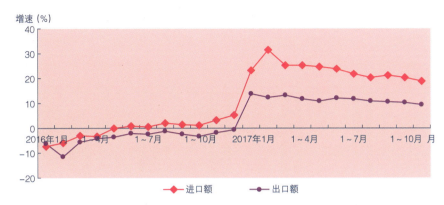

图 2　2016 年 1 月以来上海外贸进口、出口增速走势比较

(2) 进出口增速走势与全国基本一致

1～11 月,全国实现进出口总额 25.14 万亿元,同比增长 15.6％。其中,进口额增长 20.9％,出口额同比增长 11.6％。除年初略有差异外,上海进出口总额增速走势与全国基本保持一致(见图 3)。

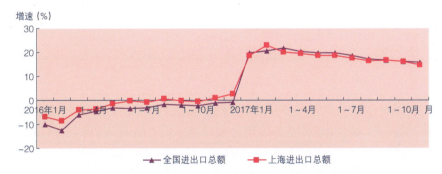

图 3　2016 年 1 月以来全国及上海进出口总额增速比较

(3) 进出口总额位居全国第三位

1～11 月,对外贸易额排名前五的省市,除了广东省增速略低外,其余四个省市增速都在 14％～20％。上海进出口规模排在第三位,规模仅次于广东和江苏;增速排在第四位,分别低于江苏 5.3 个百分点、北京 3.8 个百分点、浙江 1.3 个百分点(见图 4)。

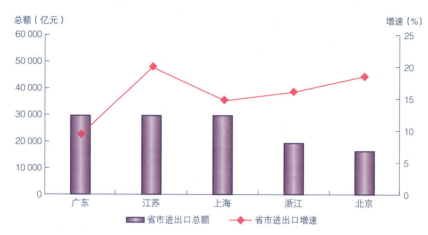

图4 1～11月五大对外贸易省市进出口总额及增速比较

2. 上海外贸进出口结构特征分析

(1) 民营企业领先增长,外商投资企业继续保持外贸主体地位

1～11月,上海国有企业、外商投资企业、民营企业进出口额均实现较快增长。其中,外商投资企业实现进出口额 19 588.04 亿元,比上年同期增长15.0%,总量占全市进出口总额的比重为 66.7%,继续保持外贸主体地位;民营企业实现进出口额 5 515.50 亿元,增长 17.6%,是增长最快的企业类型,规模占全市进出口总额的 18.8%,比重比上半年提升 0.1 个百分点,市场主体活力进一步增强;国有企业实现进出口额 4 211.69 亿元,增长 10.6%(见表 1)。

表1 2017 年 1～11 月上海分企业类型的外贸进出口结构

	进出口总额(亿元)	同比增长(%)	占比(%)
外贸进出口总额	29 370.67	14.7	100.0
♯国有企业	4 211.69	10.6	14.3
外商投资企业	19 588.04	15.0	66.7
民营企业	5 515.50	17.6	18.8

(2) 各贸易方式增长均衡，共同推动上海进出口增长

1～11 月，上海一般贸易、加工贸易、海关特殊监管方式贸易等三种主要的贸易方式进出口增速均在 11％～17％之间，共同推动上海进出口增长。其中，一般贸易实现进出口额 14 865.25 亿元，同比增长 16.4％，占全市进出口总额的 50.6％，仍是上海主要贸易方式；加工贸易实现进出口额 6 881.26 亿元，增长 11.2％，其中来料加工装配贸易实现进出口额 486.79 亿元，增长 41.7％，进料加工贸易实现进出口额 6 394.46 亿元，占加工贸易进出口总额的 92.9％，增长 9.4％；海关特殊监管方式贸易实现进出口额 7 431.10 亿元，增长 15.8％（见表 2）。

表 2　2017 年 1～11 月上海分贸易方式的外贸进出口结构

	进出口额(亿元)	同比增长(%)	占比(%)
外贸进出口总额	29 370.67	14.7	100.0
♯一般贸易	14 865.25	16.4	50.6
加工贸易	6 881.26	11.2	23.4
♯来料加工装配贸易	486.79	41.7	1.7
进料加工贸易	6 394.46	9.4	21.8
海关特殊监管方式贸易	7 431.10	15.8	25.3

(3) 出口商品结构进一步优化，行业集中特征明显

从出口商品结构看，1～11 月，上海机电产品出口 8 447.13 亿元，占全市出口总额的 70.8％，同比增长 10.4％。新技术产品出口 5 192.42 亿元，占全市出口总额的 43.5％，增长 11.3％。出口总量居前 10 位的商品合计实现出口额 5 948.81 亿元，占全市出口总额比重达到 49.9％，集中度较高。其中，出口额最大的自动数据处理设备及部件占比达到 14.1％，增长 25.1％，主要原因是商品出口价格大幅上涨因素拉动。船舶和自动数据处理设备的零件也实现较快增长，分别达到 27.4％和 41.3％，远高于出口平均增速。前 10 位商品出口额中唯一下降的是集成电路，1～11 月下降 9.5％，主要原因是受集成电路产品价格下降以及个别企业外迁的影响（见表 3）。

表3　2017年1～11月上海出口额前10位商品情况

商　品	出口额(亿元)	同比增长(%)
自动数据处理设备及其部件	1 678.76	25.1
集成电路	927.02	−9.5
电话机	903.19	9.9
服装及衣着附件	685.77	2.2
纺织纱线、织物及制品	422.35	8.2
船舶	316.23	27.4
汽车零配件	309.39	9.4
自动数据处理设备的零件	275.23	41.3
通断保护电路装置及零件	233.20	10.0
钢材	197.68	11.2

从出口企业主体看,上海出口额前20位的企业主要以制造业企业为主,1～11月共实现出口额4 081.90亿元,占全市出口总额比重为34.2%,同比增长19.7%,远高于全市出口额平均增速。其中实现增长的有14家,下降的有6家。前20家出口龙头企业中,前4位均为信息产业制造业企业,其出口额占全市出口总额的21.2%,行业集中特征明显。

(4) 大宗商品价格上涨拉动进口额增长,大型进口企业增长稳定

从进口商品结构看,1～11月上海进口额排名前10位商品合计实现进口额6 688.07亿元,占全市进口额比重为38.3%。10类商品进口额相比上年同期"九升一降"。随着2017年以来大宗商品价格的快速上涨,1～11月,上海初级形状的塑料、铁砂矿及粮食类商品进口额均有较快的增长,尤其是铁矿砂和粮食两类产品进口额分别比上年同期增长70.6%和59.9%,这三类商品对全市进口总额增长的贡献率达到16.1%。此外汽车和医药品也分别有33.0%和25.9%的不俗增长,这两类商品主要是受商品进口数量增幅较大拉动,进口数量分别比上年同期增长37.9%和22.2%(见表4)。

从进口企业主体看,上海进口额前20位的企业1～11月共实现进口额4 062.40亿元,占全市进口额的23.2%,同比增长23.0%。其中,实现增长的企业有17家,进口同比增加788.80亿元,拉动全市进口增长5.4个百分点,大型进口企业的增长较稳定。

表4　2017 年 1～11 月上海进口额前 10 位商品情况

商 品	进口额(亿元)	同比增长(%)
集成电路	2 249.41	14.4
汽车	810.37	33.0
医药品	661.25	25.9
初级形状的塑料	597.11	19.6
铁矿砂及其精矿	539.64	70.6
计量检测分析自控仪器及器具	492.64	18.2
未锻轧铜及铜材	387.80	−3.9
通断保护电路装置及零件	341.02	17.8
粮食	322.70	59.9
飞机及其他航空器	286.13	6.6

（5）欧盟、东盟市场持续向好，美国市场近期波动较大

1～11 月，上海对传统贸易伙伴欧盟、美国、东盟和日本分别实现进出口额 6 192.45 亿元、4 754.25 亿元、3 863.99 亿元和 3 221.28 亿元。对欧盟、东盟市场分别有 20.1% 和 22.2% 的较高增长；对日本的进出口额同比增长 10.6%，增速比今年上半年提高 3.6 个百分点；对美国市场的进出口额同比增长 11.3%，增速比上半年回落 8.2 个百分点，其中 11 月对美国的进出口额单月下降 12.8%（见图 5）。

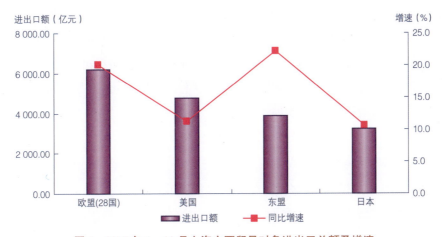

图5　2017 年 1～11 月上海主要贸易对象进出口总额及增速

3. 2017 年上海进出口较快增长主要原因

(1) 2016 年同期基数较低, 2017 年较高增长带有恢复性因素

2016 年 1～11 月上海进出口额增长 1.0%, 为 2011 年以来同期的较低值。因而, 2017 年上海外贸进出口的快速增长带有恢复性增长性质, 在 2016 年低基数的基础上, 各月增幅普遍放大。

(2) 世界经济呈现回暖向好趋势, 大宗商品价格上涨拉动进口增长

2017 年, 欧美日主要发达经济体制造业 PMI 指数持续回升, 印度、俄罗斯等新兴市场均保持在扩张区。3 季度世界贸易景气指数达到 102.6, 为 2011 年 4 月以来最高值。全球经济复苏, 贸易和投资回升, 带动大宗商品价格快速回升, 铁矿砂、煤炭等均出现了量价齐升的现象, 对进口额的拉动作用较为明显。

二、 2018 年上海货物进出口趋势判断

1. 有利因素

(1) 政策效应进一步显现

近年来, 国家对外贸发展的支持力度不断加大, 出台了一系列促进外贸稳增长、调结构的政策措施, 通过提高贸易便利化水平、清理和规范进出口环节收费、加强融资保险支持等政策降低贸易成本, 鼓励发展跨境电子商务等新型商业模式, 为外贸发展营造了更加有利的政策环境, 有效提振了进出口企业信心, 增强了企业接单能力。随着这些政策措施的深入实施, 政策效应会进一步显现, 促进上海外贸进出口平稳发展。

(2) 开放型经济发展向更高层次迈进

上海经济规模迈上新台阶, 经济结构和质量效益持续向好, 自贸试验区和科创中心建设等国家战略深入推进, 开放型经济新体制加快构建, 改革、开放和创新红利持续释放, 特别是自由贸易港方案如获批准, 将为投资、贸

易等注入新的强劲动力,推动上海开放型经济发展向更高层次迈进。

2. 不利因素

(1) 新的竞争优势正在培育,传统竞争优势弱化更为明显

上海作为全国改革开放的排头兵,自贸试验区、科创中心等效应持续释放,新的外贸竞争优势正在培育。但是短期内劳动力、土地等要素成本高企的劣势也相当明显,以人口红利为基础的传统劳动密集型产业由上海向外省市和周边国家转移的趋势明显,且出口增长较快的是笔记本电脑、手机等代工产品,既高度依赖跨国公司的订单分配,其附加值也较低。经济发展中新的增长点还不够多,制度创新的系统集成还有待进一步加强。

(2) "逆全球化"升温,贸易保护主义抬头

经济全球化深刻演变,逆全球化思潮明显,贸易保护主义抬头。特别是美国新任总统特朗普上台后,反对全球化和贸易自由化的倾向非常明显。虽然前期"百日计划"的实施使得中美经贸关系较为缓和,但"百日计划"结束后,新的共识尚未达成,特朗普政府对华发起的"301 调查",大大提高了中美贸易摩擦加剧甚至爆发贸易战的风险。尤其是当前贸易保护范围正由传统低附加值的产品向新能源等高科技领域延伸,也对中美贸易构成潜在影响。

(3) 基数抬高,价格上涨因素对进口额增长的拉升作用将趋缓

大宗商品价格从 2016 年下半年开始反弹,在不断抬高的基数下,2017 年 1~11 月的进口额增长幅度已经较上半年有所回落,预计到 2018 年,价格上涨因素对进口额增长的作用将大大放缓,而 2017 年进出口的高基数会对 2018 年的外贸进出口增长带来一定压力。

3. 2018 年上海货物进出口趋势预判

2018 年国内外环境依然错综复杂,但有利条件和因素有所增加,总体上机遇大于挑战。上海对外贸易回稳向好态势不变,外贸发展正处在结构调整、新旧动能接续转换的关键阶段,在稳定规模、调整结构的基础上,初步预

计，2017 年全年进出口总额保持前高后稳态势，全年仍可保持两位数增速，规模将突破 3 万亿元。2018 年年初上海进出口增长会因为春节因素有波动，但全年进出口规模基本保持平稳。

三、 政策建议

1. 梳理现行保税进口政策，统一监管措施，放大贸易功能

我国的保税区域类型较多，功能和监管政策差异较大。建议对保税进口监管措施和功能等情况进行全面梳理，一方面按照贸易功能统一监管政策和监管要求，缩小各区域的政策差异；另一方面按照市场需求和保税区的监管能力，进一步拓展上海保税维修、保税展示交易、高端进口再制造等贸易功能。

2. 明确跨境电商出口操作路径

目前跨境电商出口通路较多，既有传统邮路、快件，还有新的零售出口试点（9610）模式，但各种模式都有其瓶颈，如邮路无法收汇和退税、快件退税不便、9610 退税操作性较差等，影响了跨境电商出口业务整体规模和能级提升。建议按照企业的实际情况，协调各有关部门，为跨境电商出口规划可操作的路径。

3. 加快实施高标准的贸易便利化制度

支持自贸试验区建设具有国际竞争力的自由贸易园区，在确保公共安全和环境安全底线的基础上，全面实施世界贸易组织《贸易便利化协定》条款，进一步优化一线进境货物海关申报管理，整合优化口岸功能、保税功能，在国际贸易"单一窗口"、无纸化通关、监管透明度、风险分类管理等方面，探索符合国际惯例的制度规则和操作模式。探索适应境外股权投资和离岸业务发展的税制安排，大力发展转口贸易、离岸贸易。

2017 年上海利用外资评估
与 2018 年预测

2017 年，上海外商直接投资签约合同金额、实到金额与上年同期相比呈双双下降态势，但结构优化趋势和效应逐渐显现，服务经济特征凸现，总部经济能级持续提升。展望全年，上海利用外资的下行压力依然存在，但总体将呈降中企稳态势。2018 年，上海将逐步形成以总部经济为主、服务经济为主、研发经济为主的利用外资新格局。

一、 2017 年上海外商直接投资基本情况与特征

2017 年 1～11 月，上海签订外商直接投资合同项目 3 754 个，比上年同期下降 9.5%；签订外商直接投资合同金额 373.58 亿美元，下降 22.1%；实际到位金额 156.31 亿美元，下降 7.7%。

1. 合同金额与增速波动回升

2017 年 1～11 月，上海外商直接投资合同金额达 373.58 亿美元。从合同金额看，1～5 月各月合同金额基本保持平稳，单月合同金额平均规模在 30 亿美元左右，6～11 月单月合同金额规模起伏变化大，在 20～75 亿美元左右上下震荡，其中，11 月合同金额达 75.15 亿美元，为年内各月规模最大值；从合同金额增速看，1～11 月单月合同金额增速波幅由小变大，增速迂回盘升，波幅从 1～6 月的近 45 个百分点扩大至 7～11 月的近 180 个百分点，增速 3 月份最低，为 −69.5%，11 月份则骤升至全年最高点，为 148.3%，震荡回升特征明显（见图 1）。

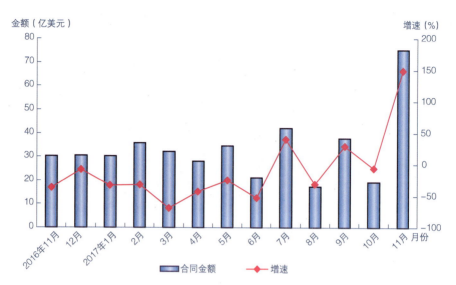

图 1 2016 年 11 月以来上海外商直接投资合同金额规模及增速

2. 实到金额保持平稳,增速波动由弱到强

2017 年 1～11 月,上海外商直接投资实到金额为 156.31 亿美元。从实到金额看,1、2、4 月份受春节长假等因素影响,单月实到金额处于低位,规模在 11 亿美元左右,其余各月规模则平均达 15 亿美元左右,且基本保持平稳态势;从实到金额增速看,各月增速受上年同月基数影响波动较为剧烈,波幅逐级扩大;1～5 月各月增速呈小幅攀升走势,波幅在 15 个百分点左右,6～11 月各月则大幅剧烈波动,波幅扩大至 37 个百分点左右,10 月份、11 月份增速分别是年内各月的最高和最低点,为 17.6% 和 −19.6%(见图 2)。

3. 利用外资凸现服务经济特性,商务租赁、信息及交通等行业成引资亮点

2017 年 1～11 月,上海第三产业签订外商直接投资合同金额 356.71 亿美元,比上年同期下降 19.6%,占全市外商直接投资合同总额的 95.5%。其中,租赁和商务服务业合同金额达 158.53 亿美元,增长 72.1%,占第三产业合同总额的 44.4%,比重比上年同期提高 23.7 个百分点,居各行业首位;信

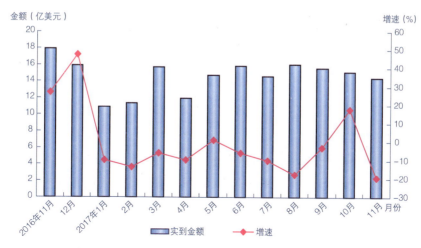

图 2　2016 年 11 月以来上海外商直接投资实到金额规模及增速

息传输、计算机服务和软件业合同金额 43.40 亿美元，增长 30.0％，占第三产业的 12.2％，比重同比提高 4.6 个百分点；交通运输、仓储邮电业的合同金额 14.53 亿美元，增长 1.7 倍，占第三产业的 4.1％，比重同比提高 2.8 个百分点(见表 1)。

表 1　2017 年 1~11 月上海外商直接投资合同金额行业分布情况

行　　业	金　额 (亿美元)	增速 (％)	比重(％) 占全市	占三产	比重同比变化(百分点)
合同金额	373.58	−22.1			
第一产业	0.42	968.9	0.1		0.1
第二产业	16.44	−53.5	4.4		−3.0
♯工　业	15.97	−53.9	4.3		−2.9
第三产业	356.71	−19.6	95.5		2.9
♯租赁和商务服务业	158.53	72.1		44.4	23.7
批发和零售业	53.68	−36.4		15.0	−4.0
金融业	47.66	−73.8		13.4	−27.5
信息传输、计算机服务和软件业	43.40	30.0		12.2	4.6
科学研究、技术服务和地质勘查业	20.48	−26.8		5.7	−0.6
交通运输、仓储邮电业	14.53	165.8		4.1	2.8
房地产业	13.78	80.7		3.9	2.1
卫生和社会工作	2.29	150.4		0.6	0.4
住宿和餐饮业	1.31	−40.1		0.4	−0.1

　　同期,全市第三产业外资实到金额147.88亿美元,下降0.5%,降幅小于全市7.1个百分点,占全市外商直接投资实到总额的94.6%,比重比上年同期提高6.8个百分点。其中,租赁和商务服务业实到金额达44.08亿美元,下降3.5%,占第三产业实到总额的29.8%,居各行业首位;信息传输、计算机服务和软件业实到金额21.96亿美元,增长52.1%,占第三产业的14.8%,比重同比提高5.1个百分点;交通运输、仓储邮电业实到金额9.58亿美元,增长2.4倍,占第三产业的6.5%,比重同比提高4.6个百分点(见表2)。

表2　2017年1～11月上海外商直接投资实到金额行业分布情况

行　　业	金　额(亿美元)	增速(%)	比重(%) 占全市	比重(%) 占三产	比重同比变化(百分点)
实到金额	156.31	-7.6			
第一产业	0.06	-76.4	0.0		-0.1
第二产业	8.38	-58.9	5.4		-6.7
♯工　业	8.14	-59.8	5.2		-6.8
第三产业	147.88	-0.5	94.6		6.8
♯租赁和商务服务业	44.08	-3.5		29.8	-0.8
批发和零售业	22.75	17.7		15.4	2.4
房地产业	22.33	-40.2		15.1	-10.0
信息传输、计算机服务和软件业	21.96	52.1		14.8	5.1
金融服务业	18.33	-7.7		12.4	-1.1
交通运输、仓储邮电业	9.58	242.1		6.5	4.6
科学研究、技术服务和地质勘查业	5.63	-6.4		3.8	-0.2

4. 外商独资一枝独秀

　　2017年1～11月,上海签订外商独资合同项目2 936个,比上年同期下降12.3%,占全市外商直接投资合同项目的78.2%;外商独资合同金额309.78亿美元,下降22.7%,占全市外商直接投资合同总额的82.9%。外商独资实到金额 119.44 亿美元,下降 15.0％,占全市外商直接投资实到总额的 76.4％(见图 3)。

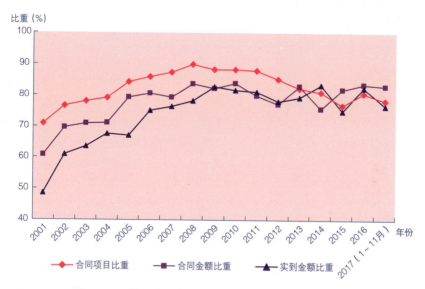

图 3　2001 年以来上海外商直接投资独资项目比重变化

5. 亚洲主要投资主体投资回落,欧洲主要国家投资快速增长

亚洲主要投资主体投资呈下降态势。1～11 月,香港、日本来沪投资合同金额为 205.08 亿美元和 6.56 亿美元,分别比上年同期下降 41.9％和 42.7％;香港、新加坡的实到金额分别为 86.73 亿美元和 6.56 亿美元,分别下降 11.5％和 53.1％。

欧洲部分国家来沪投资增势明显。1～11 月,丹麦和法国在沪直接投资合同金额分别为 4.25 亿美元和 4.08 亿美元,分别比上年同期增长 29.4 倍和 94.3％。丹麦、法国、荷兰和英国的来沪实到金额分别为 4.33 亿美元、3.26 亿美元、2.50 亿美元和 1.95 亿美元,分别增长 37.1 倍、74.2％、1.4 倍和 1.8％。

1～11 月,美国在沪直接投资合同金额为 6.75 亿美元,比上年同期下降 51.3％;实到金额 5.40 亿美元,增长 6.0％(见表 3)。

表 3　2017 年 1～11 月上海合同金额超 2 亿美元的国家和地区

	合同金额 （亿美元）	增　速 （%）	比　重 （%）	比重变化 （百分点）	位　次
全市总计	373.58	−22.1			1
♯中国香港	205.08	−41.9	54.9	−18.7	2
凯曼群岛	45.95	302.0	12.3	9.9	3
新加坡	22.06	38.4	5.9	2.6	4
美　国	6.75	−53.3	1.8	−1.2	5
日　本	6.56	−42.7	1.8	−0.6	6
英属维尔京	5.93	−40.4	1.6	−0.5	7
丹　麦	4.25	2 935.7	1.1	1.1	8
法　国	4.08	94.3	1.1	0.7	9
中国台湾	4.01	1.5	1.1	0.2	10
英　国	3.99	−27.5	1.1	−0.1	11
瑞　士	2.28	−21.9	0.6	0.0	12

6. 自贸区引资贡献大

2017 年 1～11 月，浦东新区受惠于上海自贸试验区的进一步开放，实到外资金额实现快速增长，全区外商直接投资实到金额达 57.77 亿美元，比上年同期增长 20.0%，增速高于全市 27.7 个百分点，实到金额占全市总额的 37.0%。

7. 总部经济能级持续提升

2017 年 1～11 月，上海新增跨国公司地区总部 40 家，其中，亚太区总部 13 家，投资性公司 13 家。截至 11 月底，外商在上海累计设立跨国公司地区总部 620 家，亚太区总部 69 家，投资性公司 343 家。上海继续保持中国内地跨国公司地区总部最为集中的城市地位。

8. 外资研发力量加快集聚

2017 年 1～11 月，上海新认定研发中心 11 家，累计达到 422 家。上海"全球科创中心"建设的加快推进以及对外资研发中心支持政策的完善落实，增强了外商来沪设立研发机构的吸引力。

二、 2018 年上海利用外资趋势判断

1. 挑战

(1) 多年来利用外资持续高速增长目前进入"结构换挡期"

1999 年以来，上海利用外资实到金额连续 17 年保持正增长。2016 年 7 月开始，上海利用外资的三大指标出现下行，逐步进入"结构换挡期"。与此同时，发达国家鼓励制造业回归、周边国家引资政策升级、国内 11 个自贸试验区相继设立、各省市招商引资力度加大等因素，客观上稀释了上海吸收外资的先发优势，地区之间吸收外资的竞争从"差异化"逐渐转向"同质化"，上海继续保持增长的压力和难度越来越大。

(2) 行业优势弱化

房地产一直是外商投资的重点，近年来受到国家调控政策的影响，该行业实到外资趋于下降。2017 年 1～11 月，房地产实到外资比上年同期下降 40.2%，是实到外资降幅最大的服务业行业。同期，以融资租赁为主的金融服务业实到外资继前几年的井喷之后也趋于回落，同比下降 7.7%。

(3) 土地、环境、人力等综合成本上升的影响

成本问题被外资企业列为影响投资和经营的第一大问题，社保缴纳金的高比例已成为企业用工成本上升的重要原因之一，综合成本上升过快导致上海吸引外资的相对优势有所弱化，一方面，美国的贸易保护以及大规模减税等措施对全球投资吸引力趋于增强，美日欧等国促进制造业回归的政策效果开始显现；另一方面，一般制造业又面临越南、柬埔寨等东南亚低成

本国家的竞争。

2. 机遇

2017 年，上海为进一步加大对外开放，出台了《进一步扩大开放加快构建开放型经济新体制的若干意见》，修订发布了《鼓励跨国公司设立地区总部的规定》，以全力营造更加开放的符合国际通行规则的投资环境、更加便利的贸易环境、更加完善的法治环境、更好的生产生活环境和更加宽松的人才环境。近期，上海还将制定出台支持外资研发中心在沪发展的政策，努力在促进创新要素全球配置和跨境流动、知识产权保护和落地、服务外资研发活动等方面取得新突破。

上海鼓励总部经济发展新政、"外资促进十大计划"以及进一步扩大开放"若干意见"的贯彻实施正助推上海引资新优势的建立。

综合考虑 2017 年以来上海外商来沪直接投资发展状况、利用外资面临的挑战和机遇，展望 2018 年，上海利用外资的下行压力仍然存在，但总体将呈降中企稳态势。已经进入利用外资结构效益"换挡期"的上海，未来利用外资将不再单纯倚重外资数量和规模，而是更注重引进高技术高附加值外资项目，逐步形成以总部经济为主、服务经济为主、研发经济为主的利用外资新格局。

三、 进一步推进上海利用外资工作的对策建议

作为国际大都市，上海在利用外资方面应继续围绕"四个中心"和科技创新中心建设，实施更加主动的开放战略，融入国家"一带一路"建设。

在外资管理体制上，要时刻跟踪国际投资规则变迁及时调整不断创新。2016 年 9 月，G20 杭州峰会上通过了《G20 全球投资指导原则》，虽不具有强制性的约束力，但却反映出国际投资规则的变化趋向。上海在培养吸收外商投资新优势中，面对"逆全球化"暗流涌动的国际环境，要以更加开放的胸怀和前瞻的眼光进行国际投资规则变革，积极落实《G20 全球投资指导

原则》。

在外商投资政策上，要进一步放宽外商投资准入限制。进一步扩大《外商投资产业指导目录》中鼓励类政策范围，继续营造公平竞争的市场环境。

在外商投资重点上，结构更需优化。上海要吸收全球资本和先进技术来助推创新驱动发展和经济结构转型，同时，在人才、融资和税收等方面还需提供外资企业更多优惠政策，让外商愿意来、留得住、发展好。

分 报 告

产业篇

2017 年上海农业评估与 2018 年预测

2017 年，上海认真贯彻落实中央 1 号文件精神，紧密结合上海实际，以农业供给侧结构性改革为主线，坚持走规模化、科技化、设施化道路，围绕市场需求变化，通过调整优化农业结构增加优质有效供给，着力提升农业生态功能，推进都市农业现代化发展。前三季度，天气条件有利于农业生产，但受农作物种植面积减少及畜禽退养等因素影响，主要农产品生产规模继续缩减，但域外农业快速发展，对上海农产品供给补充作用越显重要。同时，农产品生产者价格保持在低位运行。

一、 2017 年上海农业发展概况和分析

1. 农业经济总量继续缩减

2017 年前三季度，上海实现农业总产值 154.85 亿元，比上年同期下降 8.9%（按可比价格计算，下同）。农林牧渔及服务业产值"一增四降"（见表 1）。其中，林业产值增长 11.7%，主要原因是生态建设和保护力度不断加大。前三季度，上海实现农林牧渔业增加值 55.83 亿元，比上年同期下降 9.2%。

表 1　2017 年前三季度上海农林牧渔业总产值

指　　标	产值（亿元）	可比增长（%）
农林牧渔业总产值	154.85	−8.9
农业（种植业）	83.20	−2.2
林业	4.34	11.7
牧业	31.46	−22.0
渔业	30.71	−9.0
农林牧渔服务业	5.14	−6.6

2. 主要农产品生产有喜有忧

(1) 粮食播种面积下滑，总产下降

2017 年上海粮食总播种面积为 177.99 万亩，比上年减少 32.12 万亩，降幅为 15.3%。其中，夏粮播种面积为 32.55 万亩，减少 45.5%；秋粮播种面积 145.44 万亩，减少 3.3%。粮食播种面积下降主要是近年来上海为改善耕地质量，鼓励农户进行深翻或种植绿肥实行养地护地，对夏熟作物茬口布局进行调整，夏粮等粮食面积大幅减少。

单产方面，2017 年上海夏粮平均单产 317.71 公斤/亩，与 2016 年受连续阴雨影响而大幅下降的夏粮平均单产相比，恢复性增长 27.9%。秋粮方面，受连续阴雨影响，水稻单产下降 4.4%，为 548.11 公斤/亩。

总产方面，受粮食总播种面积持续下滑影响，全年粮食产量比上年减少 9.5%，为 89.16 万吨。从夏秋两季粮食生产情况来看，2017 年上海夏粮产量 10.34 万吨，减少 30.3%；秋粮产量 78.82 万吨，减少 7.0%。

(2) 蔬菜播种面积、产量双降

前三季度，上海蔬菜播种面积 115.13 万亩，比上年同期减少 3.0%；蔬菜总产量为 226.77 万吨，下降 2.4%。蔬菜整体呈现播种面积萎缩、产量下降的态势。

蔬菜产量下降的主要原因：一是从业人员减少。为了改善乡村环境，减少面源污染，上海开展田间窝棚整治工作，加强外来人口管理，在一定程度上减少了农业从业人员数量；二是部分地区实行压菜、稳粮、增绿的政策。

(3) 生猪养殖规模大幅缩减

前三季度，上海畜禽养殖场退养关闭工作不断推进，生猪饲养量继续快速减少，生猪存出、栏双双大幅下降。至 9 月底生猪存栏 67.73 万头，比上年同期下降 42.3%。其中，能繁母猪存栏 5.73 万头，下降 39.8%。前三季度，上海生猪出栏为 86.90 万头，比上年同期下降 39.2%。同时，上海生猪养殖结构总体向规模化、规范化方向发展，养殖结构逐步优化，千头规模

养殖场生猪出栏 68.40 万头,规模养殖场出栏量占全市生猪出栏总量的 79%。

(4) 禽、蛋生产急速萎缩

近几年来,受上海畜禽退养政策影响,禽蛋生产继续呈现急速萎缩状态,目前养殖规模不到 2011 年的一半。至 9 月底,家禽存栏 548.29 万只,比上年同期下降 27.2%。其中,肉鸡存栏 252.48 万只,下降 37.8%;蛋鸡存栏 165.66 万只,下降 13.7%。前三季度,家禽出栏总数为 998.31 万只,比上年同期下降 26.6%。其中,肉鸡出栏 868.89 万只,下降 25.2%。禽蛋产量为 2.12 万吨,比上年同期下降 22.6%。其中鸡蛋 1.48 万吨,下降 20.9%。

(5) 奶牛存栏、生牛奶产量双回落

前三季度,上海生牛奶产量为 17.38 万吨,比上年同期下降 14.5%。至 9 月底,上海奶牛存栏为 3.89 万头,比上年同期下降 20.6%。主要是受畜禽养殖环境整治影响,浦东、奉贤等区十余家奶牛养殖场陆续关闭,部分郊区已完全无奶牛养殖。

(6) 渔业生产海水产量增淡水减

前三季度,上海渔业生产总产量达 16.93 万吨。其中,主要受远洋捕捞的金枪鱼、竹荚鱼、鲣鱼和鱿鱼产量大幅增长影响,远洋捕捞生产形势好于上年,海水产品产量达 11.46 万吨,较上年同期增长 11.4%;淡水产品产量 5.47 万吨,较上年同期下降 9.1%。

3. 域外农业生产形势喜人

近年来域外农业发展较快,已成为上海农业生产的重要补充。前三季度,上海域外农业实现农业总产值 20.65 亿元,相当于全市农业总产值的 13.3%,比例比上年同期提高 3.9 个百分点。从主要农产品生产看,生牛奶和淡水产品产量大幅增长,同比增幅分别为 54.4% 和 20.6%;家禽和生猪产量分别增长 4.8% 和 1.8%。上海域外所有农产品产量相当于全市产量的比例进一步提高(见表 2)。

表2 2017年前三季度上海域外市属农场主要农产品产量

指　标	单　位	产　量	同比增长（%）	相当于全市产量比例（%）	比例比上年提高百分点
夏　粮	万吨	4.98	−24.7	48.2	3.7
生　猪	万头	59.79	1.8	68.8	27.7
家　禽	万只	12.09	4.8	1.2	0.4
禽　蛋	万吨	0.45	−8.2	21.2	3.3
生牛奶	万吨	11.49	54.4	66.1	29.5
淡水产品	万吨	2.97	20.6	54.3	13.3

4. 农产品生产者价格有所下降

2017年前三季度,上海农产品生产者价格比上年同期下降1.8%。农、林、牧、渔四大业生产者价格"二升二降",其中农业、牧业分别下降4.0%和10.6%,林业、渔业分别上升2.4%和17.8%。

种植业产品中,由于2016年上海小麦实际交易价格受播种、收获期间连续阴雨、品质较差等因素出现大幅下降,2017年小麦价格则呈现恢复性上升态势,小麦实际交易价格为2.24元/公斤,处于常年正常水平,比上年同期上升11.4%。蔬菜价格比上年同期下降8.0%,主要是与2016年同期上海多次出现极端寒潮天气使得菜价持续高涨相比,2017年气温适宜鲜菜生产,各类蔬菜供应充足、品种丰富,蔬菜价格有所下降。水果价格比上年同期微降0.9%,其中桃子价格下降13.6%,梨、葡萄、瓜类价格基本平稳,草莓价格上升22.4%。

畜牧业产品中,上海生猪价格比上年同期下降15.7%,主要是全国性生猪消费市场供大于求:一是消费弱于上年同期,规模以上屠宰场生猪屠宰量比上年同期下降近10%;二是全国生猪存栏数持续增长,市场供应能力持续增加。肉禽蛋奶价格继续走低:其中肉鸡、活鸭价格分别比上年同期下降6.5%和19.2%。自上年9月份以来,禽蛋批发、零售双双出现量价齐跌现象,鸡蛋、鸭蛋价格分别下降13.2%和0.9%。据上海市蛋品行业协会了解,蛋鸡养殖户已持续亏损半年以上。生牛奶价格下降 1.5％。

渔业产品中,上海海水捕捞产品价格大幅回升,比上年同期上升32.9％。监测的各海水产品的价格均有不同程度上升,其中竹荚鱼、鲣鱼、金枪鱼、鱿鱼价格涨幅较大,分别上升 59.1％、41.8％、39.8％和 36.6％。淡水养殖产品价格比上年同期上升 5.6％。其中鱼类价格上升 14.4％,"四大家鱼"塘边价以草鱼升幅居前,上升 22.2％;其次是青鱼和鲢鱼,分别上升 13.1％和 7.2％;鳊鱼价格较为平稳,下降 0.4％。蟹类价格大幅上升 50.0％,主要是 2016 年夏天出现连续炎热天气,导致 2017 年年初螃蟹产量下降明显,市场供应不足。虾类价格则有所回落,比上年同期下降 3.8％,其中罗氏沼虾微升 0.2％,青虾、南美白对虾分别下降 5.9％和 4.3％。

二、 供给侧结构性改革推动下，2017 年上海农业生产经营新特点

1. 积极调整优化种植业结构

在确保上海主要农产品有效供给的前提下,进一步调整优化作物茬口布局。在夏熟作物茬口上,继续减少二麦种植面积,适度增加绿肥种植和冬季深耕晒垡面积,做到用地与养地相结合。2017 年,全市夏粮播种面积为 32.55 万亩,减少 45.5％;绿肥和冬季深耕晒垡面积则近 102 万亩,占夏熟作物茬口比例超 74％。同时,不断优化水稻品种结构,优质早中熟品种种植面积不断扩大,其中早熟品种水稻面积为 2.5 万亩,逐步形成了早中晚合理搭配的水稻品种结构。

2. 推进"卖稻谷"向"卖大米"转变

围绕农业供给侧结构性改革这一主线,鉴于人们对优质农产品的需求不断增强,上海把增加绿色优质农产品供给放在突出位置。粮食生产上,进一步加快推进生产由"量"向"质"的转变,大力推广优质品种,2017 年上海早

熟国庆稻品种的播种面积比例迅速大幅提升。同时,积极坚持推进生产单位由"卖稻谷"向"卖大米"转变,促进家庭农场、生产合作社由生产型向生产经营型转变,如金山、松江、奉贤、青浦、崇明等区生产农户及单位,主动对接光明集团、百联集团以及大型米业销售公司,利用其销售平台,开展地产优质大米的宣传推广活动,积极探索地产优质大米产业发展模式,这一方面解决了原来农户卖粮渠道单一、价格低等问题,提高了优质农产品的种植收益,改变了上海大米当季上市新鲜、品质优良优质却在市场上难觅踪迹的尴尬局面;另一方面促进产业融合发展,实现农业提质增效。

3. 创新推动生态高效的种养结合新模式

上海积极推进渔业发展方式转变,紧密围绕提质增效、绿色发展的目标任务,逐步试点探索稻虾、稻蟹、稻鳖共作等种养结合模式,全市种养结合水面积1765亩。其中,稻田养南美白对虾水面积120亩,稻田养罗氏沼虾水面积25亩,稻田养小龙虾水面积1020亩,稻田养鳖水面积500亩,稻田养河蟹100亩。以稻虾共作为例,稻虾共作的种养结合模式可以做到"水稻不减产,效益翻番"。据测算,小龙虾亩产250斤,水稻亩产900斤,亩均收益约6350元(按常规稻1.5元/斤、小龙虾20元/斤的单价计算)。传统的水稻、麦子轮作模式中,水稻亩产1150斤,麦子亩产600斤,亩均收益约2325元(按常规稻1.5元/斤、麦子1.0元/斤计算)。稻虾共作的收益是种植常规粮食作物收益近3倍,农业增效、农民增收效果明显。

三、 2018年上海农业发展趋势初步判断

1. 2018年上海农业发展趋势的影响因素

(1) 有利因素

一是支农惠农政策继续推进,保持了农业生产的稳定性。中央已连年出台关于农业发展的1号文件,国务院也下发了关于加快转变农业发展方

式的意见。同时上海被列入国家现代农业示范区整建制推进省市，制定了三年行动计划。

二是外部环境不断优化。在上海全面推进"四个中心"建设、打造具有全球影响力的科技创新中心大背景下，大力推进城乡发展一体化战略，为上海都市现代农业发展提供重要机遇。

三是新型农业经济模式不断涌现，为推进都市现代农业发展提供强力支撑。"互联网＋"成为促进农业集约化经营、提高农业生产经营效率的重要驱动力；具有新技术、新产业、新业态和新模式特征的农业经济不断涌现；一二三产业融合互动发展成为新经济增长点。

四是围绕农业生产、加工、流通、销售等重点环节，农业生态化、机械化和数字化的快速发展和普及应用将极大地促进农业生产力的提高。

(2) 不利因素

一是气候条件和病虫危害仍存在很大的不确定性。上海农业生产每年受春季降雨多、夏秋季高温及台风强降雨、冬季持续低温等灾害性天气影响的概率较大，以及近年来农作物病虫害发生趋重，易对农业生产造成不利影响，在短期内造成农产品生产大幅波动。

二是耕地、务农人员等农业资源日益紧缺，环境约束仍在加剧。目前上海地区耕地面积供应不足，田间窝棚整治和外来人口控制也将进一步减少农业从业人员数量，地产农产品自给难度加大。随着新《环保法》的正式实施和上海市现代农业"十三五"规划的总体部署，不达标养殖场户将被加速清退，散户和部分规模经营户也主动退出生产。

三是部分农产品价格波动较大。农产品价格下降打击生产积极性，严重影响了农产品市场的稳定供应；而农产品价格上升将推高消费者生活成本，增大物价上升的压力；同时，农产品价格频繁波动，不利于农业的有序生产和健康发展。

四是生产成本上升压力日益加大。土地流转费用居高不下，劳动力成本不断提高，饲料、农药等生产成本价格不断上升，依靠大量低成本劳动力支撑上海农业现代化发展的空间逐渐减少，农业生产成本上升挤占了农民的利润空间，制约了产业的可持续发展。

2. 2018 年上海农业发展趋势预测和判断

根据上海农业生产各利弊因素及现代农业"十三五"总体规划判断，2018 年上海域内农产品生产将稳中有降，域外生产将稳中有增；农产品生产者价格总体可能转为上升态势。

(1) 域内农产品生产稳中有降，域外生产稳中有增

粮食：2018 年秋粮种植面积将保持稳定，继续划定 88 万亩耕地作为粮食生产功能区，未来将建设配套设施，推进绿色丰产高效创建，优化早中熟品种结构，粮食单产有望保持较高水平。同时，进一步调整优化作物茬口布局，在夏熟作物茬口上继续减少二麦种植面积，适度增加绿肥种植和冬季深耕晒垡面积，做到用地与养地相结合。

蔬菜：2018 年将继续实行"菜篮子"区长负责制，保障蔬菜供应量。规划 50 万亩蔬菜生产保护区，确保蔬菜年上市量不少于 145 万吨，夏淡期间保证绿叶菜在田面积不少于 21 万亩。

畜牧：2018 年将继续以减量化调控为主，全面关闭不规范小型养殖场，重点发展规模化养殖场，完成年生猪出栏 100 万头、奶牛存栏 4 万头、蛋鸡存栏 200 万只的保有量指标。畜禽整治工作优化了畜牧业的养殖结构，促进畜牧业转型升级，预计现有生产规模仍将不断缩减，但养殖效益将持续改善。

水产：2018 年将以适度减量化控制为主，并受土地复垦、项目建设等多种原因，淡水养殖面积预计将继续有所萎缩，产量也将有所下降。

域外：2018 年将进一步发展域外现代农业主产区，构建种源、粮食生产、畜禽养殖、水产养殖、区域生态人文建设为一体的高效生态循环农业体系。继续拓展域外生猪、奶牛、肉禽养殖和水产养殖，预计域外农产品生产将继续稳中有增。

(2) 农产品生产者价格总体可能转为上升态势

人民生活水平日益提高对优质农产品需求不断增强，农用生产资料价格、劳动力成本不断增长进一步推高农业生产成本，这些都是农产品生产者

价格继续保持上涨的基本因素。因此,若无大的自然灾害或突发事件,2018
年上海农产品生产者价格总体将转为上升态势。其中,粮食价格稳中略升,
生猪、鸡蛋等价格预计继续反弹回升概率较大,蔬菜、水果、淡水产品等价格
继续惯性上升。不同农产品之间波动幅度可能存在较大差异。

四、 2018 年上海农业发展的对策建议

1. 推进供给侧结构性改革,确保地产农产品稳定生产和优质有效供给

应继续增强农业综合生产能力,大力推进 80 万亩粮食生产功能区、50
万亩蔬菜生产保护区和 12 个特色经济作物优势区建设。通过开展畜禽整
治工作,构建与土地环境承载力和环境保护相适应的畜禽生产能力。推进
农业供给侧结构性改革,依托本地优势,并以市民消费需求为导向,着力发
展区域性优势特色农产品。如扩大受市民喜爱的优质早熟和中熟水稻种植
面积;突出绿叶菜种植和品种优化;减少生猪养殖、调减奶牛产能、稳定蛋鸡
生产、适度发展食草肉羊等特色畜禽品种;大力推进水产养殖结构调整,提
高名特优产品养殖比例,推广生态高效养殖模式。

2. 加强农业基础设施建设,提升农业设施装备水平

围绕上海现代农业发展需求,大力建设现代种业基地、高标准粮田、设
施菜田、畜禽规范化养殖场、标准化水产养殖场,同时建立设施管护机制,确
保各类设施长期稳定发挥效益。实施耕地质量保护提升行动,大力修复中
低产田和蔬菜大棚等障碍性土地,应用绿肥种植、秸秆还田、水旱轮作等措
施提高耕地质量。在农业设施装备方面,重点解决水稻机械化水平、农产品
精深加工、冷链物流等设施装备建设,大力推进水肥一体化、绿叶菜生产全
程机械化等技术推广,加强粮食烘干设施和服务能力建设,大力推进花卉、
食用菌等产业工厂化、智能化生产。

3. 建设绿色、环境友好型农业,确保农产品质量安全

牢固树立"绿色发展"和"生态也是生产力"的理念,建立资源节约型、环境友好型现代农业生产体系,发挥农业在城市生态中不可替代的作用。结合上海实际,推广综合良种、良法、良田技术、清洁、健康养殖技术、秸秆、畜禽粪便等农业废弃物无害化处理和综合利用技术,农业投入品检测检验技术、循环利用技术。加大推进化肥、化学农药减量使用,有效防治农业面源污染。大力发展农产品标准化生产和建立一批"三品一标"等优质农产品,加快产地质量证明和可追溯体系建设,从而确保农产品的质量和安全。

4. 提升农业规模效益,坚持走现代都市农业发展道路

上海农业依托于大都市建设,必须坚持走规模化、标准化、专业化、品牌化、信息化和产业化的现代农业发展道路,着力发展"生态、优质、高效"农业,以保障城市优质、安全的农产品供给为目标;着力优化农业产业结构,提升农业科技水平,继续提质增效;构建一批国家级农业产业化龙头企业,并积极发挥龙头企业示范作用;着力拓展农业功能,发展农产品精深加工、农业观光旅游和"农家乐",促进一二三产业融合发展,畅通产销对接渠道,挖掘农业增收潜力,增加农民经营性收入;着力推进现代农业管理手段现代化,加快推进信息化建设,着力提升标准化、品牌化体系建设和人才建设,培育可持续发展新优势。

2017 年上海工业评估与 2018 年预测

2017 年，上海工业经济在国家供给侧结构性改革政策推动下，把握国内经济企稳向好的有利机遇，坚持转型升级提质增效，工业经济运行稳中有进、稳中向好、稳中有为，行业结构更优、运行质量更高、企业效益更佳。

一、 2017 年上海工业发展概况和分析

1. 2017 年上海工业发展现状

(1) 工业生产稳中有进

1～11 月，上海完成工业总产值（规模以上工业，下同）30 807.39 亿元，比上年同期增长 7.7%，呈现出稳中有进的良好态势（见图 1）。

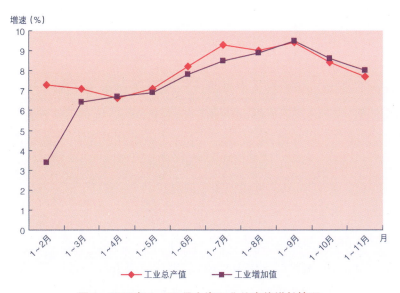

图 1　2017 年 1～11 月上海工业总产值增长情况

(2) 工业效益稳中有升

1～11月,上海工业效益稳中有升,主要经济效益指标普遍实现两位数增长。其中,主营业务收入 34 151.42 亿元,比上年同期增长 11.0%;利润总额 2 896.42 亿元,增长 10.2%。

得益于国内去产能缓解产能过剩矛盾,改善供求关系,产品价格上涨,资源类行业利润总额普遍大幅增长。其中,化学原料和化学制品制造业利润增长 73.9%,废弃资源综合利用业增长 56.6%,黑色金属冶炼和压延加工业增长 32.7%。

得益于产品结构优化,新动能加速增长。其中,计算机、通信和其他电子设备制造业利润总额增长 31.2%,专用设备制造业、仪器仪表制造业、其他制造业等技术密集型行业利润增长 10%～35%。

工业运行质量稳步提高。工业企业管控费用作用明显,每百元主营业务收入中的三项费用比上年同期下降 3.2%,继续保持较低水平;工业企业利润率持续提高,实现主营活动利润 2 071.59 亿元,增长 11.3%;主营活动利润率为 6.1%。

(3) 新兴产品生产稳中向好

1～11月,上海主要工业产品生产持续好转。在重点关注的 96 种工业产品中,有 49 种产品的产量比上年同期实现增长,占重点关注产品数的 51% 以上。

新兴产品、高技术产品生产提速,对上海工业经济增长助推力加大,支撑作用加强。其中,工业机器人产量 5.43 万套,增长 95.6%;多功能乘用车(MPV)产量 11.76 万辆,增长 80.9%;运动型多用途乘用车(SUV)产量 68.99 万辆,增长 80.3%,上述三个产品增速分列上海主要工业产品前三位。3D打印设备、锂离子电池、新能源汽车、智能电视等新兴工业产品也实现快速增长(见表1)。

(4) 工业出口稳中有增

2017年,上海工业出口稳中有增,全年有望保持增长。1～11月,上海工业出口交货值 7 118.10 亿元,比上年同期增长 8.6%(见图2)。分行业看,在上海 31 个有出口的工业行业中,18 个行业实现增长,约占上海出口行业总数的六成,表明各行业出口形势普遍好转。其中,计算机、通信和其他电子设备制造业对上海工业出口增长的拉动作用明显,完成出口交货值 3 906.29 亿元,占上海工业出口的 54.9%,增长 12.1%,增幅比上年同期提高 20.8 个百分点,对上海工业出口增长的贡献率达到 74.8%,拉动 6.3 个百分点。

表 1　2017 年 1~11 月上海部分工业产品生产情况

产　　品	产　　量	增速(%)
工业机器人(万套)	5.43	95.6
多功能乘用车(MPV)(万辆)	11.76	80.9
运动型多用途乘用车(SUV)(万辆)	68.99	80.3
金属集装箱(万立方米)	603.40	49.2
3D 打印设备(台)	414	44.3
新能源汽车(万辆)	7.67	42.8
民用钢质船舶(万载重吨)	727.37	42.6
智能电视(万台)	108.32	30.3
发电机组(发电设备)(万千瓦)	3 011.09	30.0
锂离子电池(万自然只)	10 001.72	24.6

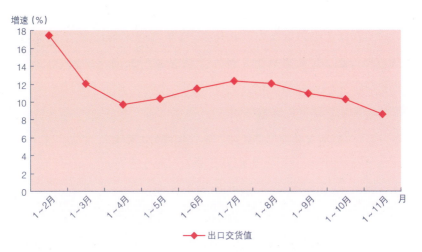

图 2　2017 年 1~11 月上海工业出口情况

2. 2017 年上海工业行业发展特征

(1) 六个重点工业行业拉动作用提高

1～11月,上海六个重点工业行业完成工业总产值 21 222.62 亿元,比上年同期增长 9.9%,增速高出工业平均水平 2.2 个百分点,六个重点工业行业总产值占上海工业近七成,对上海工业增长的拉动作用进一步提高(见表2)。

表2 2017 年 1～11 月上海六个重点工业行业生产情况

行　　业	工业总产值(亿元)	增长(%)
合　计	21 222.62	9.9
汽车制造业	6 142.62	19.6
电子信息产品制造业	5 934.02	9.8
生物医药制造业	961.33	8.0
成套设备制造业	3 563.67	4.5
精品钢材制造业	1 173.37	2.3
石油化工及精细化工制造业	3 447.60	2.2

分行业看,六个重点工业行业从上年同期的"四降两升"转变为"全面增长"。其中,在新车型持续发力的拉动下,汽车制造业增长 19.6%,增速居六个重点工业行业之首。得益于全球电子信息类产品需求回暖,电子信息产品制造业增长 9.8%,居第二位。

(2) 战略性新兴产业增幅提高

1～11月,上海战略性新兴产业(制造业部分)完成工业总产值 9 450.96 亿元,比上年同期增长 6.3%,增幅同比提高 4.6 个百分点。

分行业看,在创新引领下,战略性新兴产业发展动力更足,运行质量更高,各领域实现全面增长。其中,新能源汽车产销两旺,新能源汽车制造业工业总产值比上年同期增长 41.5%,居各行业之首。新一代信息技术发展势头良好,增长 8.3%,居其次(见表3)。

表 3　2017 年 1～11 月上海战略性新兴产业制造业部分生产情况

产　　业	工业总产值(亿元)	增长(%)
合　计	9 450.96	6.3
新能源汽车	195.35	41.5
新一代信息技术	3 313.70	8.3
生物医药	961.33	8.0
节能环保	512.29	6.7
新材料	2 228.14	3.7
高端装备	2 141.24	3.5
新能源	305.07	2.4

注:战略性新兴产业各子产业之间存在重复,计算总数时剔除重复,总量与各子产业相加不等。

二、 2018 年上海工业发展趋势判断

随着上海工业持续推动供给侧结构性改革,产业结构升级取得初步成效,新动能逐步显现,2018 年上海工业有望平稳增长。

1. 稳增长积极因素不断积累

一是工业经济释放出回暖的信号。从工业经济三大先行指标看,2017 年 9 月,制造业采购经理指数为 53.6、工业生产者价格指数为 107.2、工业产能利用率 81.8%,三大指数均处于景气区,且表现出稳步上升趋势。

二是新动能持续发力。2017 年以来,新动能较为集中的计算机、通信和其他电子设备制造业、专用设备制造业、仪器仪表制造业、其他制造业、医药制造业等行业生产、利润均同步实现增长,将进一步巩固 2018 年上海工业经济回暖的基础。

2. 存在问题仍需重视

一是过剩产能的结构性矛盾仍然存在。近年来,在供给侧结构性改革的推动下,我国化解过剩产能工作已经取得了显著成就。但受宏观经济环境和国内行业结构特点影响,上海部分工业行业仍饱受国内市场产能过剩的困扰,存在传统工业产品过剩和高端产品缺乏的结构性矛盾。

二是环保压力较大。近年来,上海工业企业面临的安全生产、环境保护和节能减排压力逐步增大,土地、环境、能源消耗对行业发展的制约愈发突出,对工业企业在沪投资、生产安排、人员转岗、可持续发展和转型升级均带来较大的影响。

3. 主要工业行业增长趋势判断

(1) 汽车制造业增速将有所回落

近年来,上海汽车制造业坚持以创新打造差异化竞争优势的战略,围绕"电动化、网联化、智能化、共享化"建设,加快 SUV、新能源汽车等新产品的市场投放力度,预计 2018 年上海大众、通用、自主品牌荣威仍有多款新车型上市,行业市场竞争力将进一步提升。但由于国家乘用车购置税优惠政策到期退出,政策拉动效果有所减弱,且国内乘用车细分市场的竞争将加剧,预计 2018 年上海汽车制造业生产增速将低于 2017 年。

(2) 生物医药制造业产销形势较好

随着上海医药制造企业研发新药能力的增强,2018 年上海生物医药制造业仍将有一批新型药物和医疗器材产品推出市场,在国内自费药、高价药和慢性病用药等市场份额有望扩大,行业产销形势总体较好。

(3) 成套设备制造业形势好转

2018 年,在政策利好的推动下,成套设备制造业中的工业机器人、智能制造、节能环保等新兴制造领域和得益于国内基础设施建设的工程机械等行业仍将实现快速增长。同时,随着国际航运市场的好转,高技术船舶、海工设备等海洋工程制造领域有望走出行业低谷,生产企稳回升。但受供给侧结构性改革影响,产能相对过剩的煤电、机床等产品生产将面临调整。

(4) 精品钢材制造业产品结构调整加快

随着全国供给侧结构性改革的深入,2018 年我国仍将保持淘汰钢铁落后产能的高压态势,中低端钢铁产品产量将继续减少。同时,随着水利、铁路、公路、管道、电网、物流等基础设施网络建设的力度加大,基础设施建设对钢材产品的需求将增加;高端制造业、新兴产业用钢需求也有可能增加。预计上海钢铁企业将根据国内用钢结构的变化,进一步加快产品结构调整。

(5) 石油化工及精细化工制造业产品价格变化需要关注

2018 年,上海石油化工及精细化工制造业将以提质增效为中心,以供给侧结构性改革为主线,以创新引领传统产业转型升级和产品结构调整,加快培育新材料、高端专用化学品、节能环保产品等新兴化工产品市场。但由于 2017 年全国化工产品价格大幅上涨,市场存在价格回调的空间,这将对企业生产产生较大影响,需要密切关注。

(6) 电子信息制造业力争增长

2018 年,上海电子信息制造业仍处于新旧动能转换,传统产业升级的关键时候。一方面,产销两旺的集成电路制造行业已经满负荷生产,新项目产能尚未释放,生产持平或小幅增长的可能性较大。另一方面,上海电子产品代加工产能向中西部地区转移仍将延续,但受当地承接能力和生产水平的限制,转移的速度可能会放缓,且国际市场苹果品牌电子产品需求不确定,电子代工行业生产的不确定因素较多。

三、 对上海工业发展的建议

1. 加快工业领域的技术创新

扎实推进工业强基工程。推动一批核心元器件、零部件、先进工艺和关键材料实现工程化、产业化突破。聚焦战略性新兴产业的重点领域,在信息技术、生物医药、高端装备等领域布局重大科技专项,重点突破亟须解决的核心技术瓶颈。

2. 积极促进工业新兴产业发展

积极谋划建设一批符合产业革命大趋势、贡献大、带动性强的战略性重大产业项目。加大工业投资力度,重点聚焦大飞机、智能汽车和新能源汽车、智能制造与机器人、深远海洋工程装备等重大产业创新战略项目。结合全球科技创新中心建设,围绕产业链部署创新链,提前布局一批新兴行业和潜力行业,尽快形成产业发展新动力,推动实体经济特别是制造业的繁荣强大。

3. 推动工业向高附加值环节延伸

推动"上海制造"质量和品牌建设。打造检验检测、质量和标准化等公共服务平台,把好"上海制造"的质量关。借鉴"浙江制造"品牌建设经验,支持建设区域标准、创新认证模式、开展品牌营销、培育品牌运营评估的专业服务机构,引导企业重视品牌建设,积极培育一批"上海制造"知名品牌,提升产品附加值。

2017 年上海第三产业评估与 2018 年预测

2017 年，上海第三产业总体保持平稳增长的态势，内部结构持续优化，新旧动能加快转换，发展质量和效益进一步提高。展望 2018 年，预计上海第三产业仍将保持良好发展态势，经济地位有望继续巩固，现代服务业有望实现更快更好发展。

一、 2017 年上海第三产业基本情况

2017 年前三季度，第三产业对经济增长的贡献率为 65.2%，拉动经济增长 4.6 个百分点，继续成为拉动经济增长的主要动力。

1. 第三产业增速放缓，整体态势仍然较好

（1）第三产业增加值增速有所回落

2017 年前三季度，上海第三产业增加值完成 14 903.18 亿元，比上年同期增长 6.6%，增速比全市生产总值的增速低 0.4 个百分点。自 2016 年下半年以来，第三产业增加值的增速由 11.6% 持续回落至 6.6%，主要原因在于经济增长继续减少对房地产业的依赖。从第三产业的内部看，交通运输仓储和邮政业、信息传输软件和信息技术服务业及金融业增加值均呈现两位数增长，分别增长 11.6%、13.7% 和 11.0%；批发和零售业、住宿和餐饮业增加值尽管保持个位数增长，分别增长 6.2% 和 2.6%，但增速较为稳定；而房地产业增加值则连续三个季度持续下降，前三季度为下降 15.1%。

（2）第三产业增加值比重保持稳定

2017 年前三季度，上海第三产业增加值占全市生产总值的比重为 69.0%，比上年全年回落 0.8 个百分点。由于上海工业生产出现明显回暖，

工业增加值占全市生产总值的比重上升至 28.0%,所以第三产业增加值比重略有回落。但是,第三产业占比仍然保持在 70% 左右,反映上海以服务经济为主的产业结构持续巩固,二三产业的协同发展水平进一步提升。

(3) 第三产业完成的投资持续较好

2017 年 1～11 月,上海第三产业完成固定资产投资 5 289.97 亿元,比上年同期增长 7.2%,占全市固定资产投资的比重高达 85.8%。其中,房地产业占比仍然较高,为 55.3%;金融业增速较快,增长 28.3%。与此同时,由于第三产业外商直接投资实际到位金额占全市实际利用外资总量超过九成,随着上海吸引外商直接投资出现下降,第三产业首当其冲。但是,附加值高的服务行业仍表现较好,如信息传输软件和信息技术服务业吸引的外商直接投资实际到位金额增长 52.1%。

2. 第三产业结构调整优化,新旧动能加快转换

(1) 经济发展对房地产依赖显著减小

2017 年,上海始终按照习近平总书记的要求,坚持"房子是用来住的、不是用来炒的"定位,加强房地产市场调控不动摇、不松懈,房地产市场成交量持续低位运行。前三季度,上海房地产业增加值占第三产业的比重为 8.3%,比上年同期回落 2.3 个百分点。1～11 月,上海新建商品房销售面积比上年同期下降 38.0%,其中住宅销售面积下降 33.7%;房地产开发投资比上年增长 3.0%,增速同比回落 3.0 个百分点。同期,房地产对财政收入增量的贡献率为 −11.0%,充分反映出经济增长正在逐渐摆脱对房地产的过多依赖。

(2) 金融业成为拉动经济的重要动力

2017 年前三季度,上海金融业实现增加值 3 746.88 亿元,比上年同期增长 11.0%,增速高出第三产业平均增速 4.4 个百分点。金融业增加值占第三产业增加值的比重达到 25.1%,同比提高 0.7 个百分点,对全市生产总值增长的贡献率达到 26.8%,反映出上海国际金融中心建设的显著成效。

一是金融市场规模持续扩大,各大交易所成交额均有所增长。2017 年

1～11 月,上海金融市场总成交额 1 292.37 万亿元,比上年同期增长 5.0%。其中,上海证券交易所成交额 281.67 万亿元,增长 10.5%;上海期货交易所成交额 82.58 万亿元,增长 7.0%;上海黄金交易所成交额 8.76 万亿元,增长 10.5%。

二是货币信贷运行平稳,信贷对实体经济的支撑力度增强。2017 年 11 月末,上海本外币各项存款余额 11.38 万亿元,比上年同期增长 3.4%;本外币各项贷款余额 6.68 万亿元,增长 12.2%。从贷款结构看,中长期贷款持续多增,小微企业贷款增速较高,信贷支持先进制造业和现代服务业发展力度较大。

(3) 高附加值的现代服务业增速明显较快

一是信息传输、软件和信息技术服务业保持较快增长。近年来,上海信息传输、软件和信息技术服务业增加值一直保持 10% 以上的增速。2017 年前三季度,上海信息传输、软件和信息技术服务业实现增加值 1 344.88 亿元,比上年同期增长 13.7%,占全市第三产业增加值的比重提高至 9.0%,同比提高 0.7 个百分点。从规模以上企业的经营指标看,信息传输、软件和信息技术服务业营业收入和营业利润增速分别达到 14.5% 和 34.8%,是总量过千亿的社会服务业行业中唯一营收和利润增速保持在两位数以上的行业。

二是货物运输量和周转量由上年的下降转为增长。2017 年前三季度,上海交通运输、仓储和邮政业实现增加值 1 008.61 亿元,比上年同期增长 11.6%,增速同比提高 4.7 个百分点。交通运输、仓储和邮政业的较快增长得益于多年来一直低迷的全球航运业终于出现复苏迹象。2017 年,反映航运业的经济指标——波罗的海干散货指数(BDI 指数)筑底回升。1～11 月,上海货物运输总量达到 8.90 亿吨,比上年同期增长 10.9%,货物周转量达到 2.27 万亿吨公里,增长 30.2%,其中水运货物周转量大幅增长 30.7%。值得关注的是,前三季度现代航运服务业营业收入 6 387.92 亿元,比上年同期增长 17.2%,增速实现强势反弹。

三是批发和零售业中的新兴业态增势持续较好。随着上海消费市场呈现传统业态与新兴业态分化的现象,线上销售增速显著快于线下销售。

2017年1～11月,上海网上商店零售额实现1 330.31亿元,比上年同期增长10.9%,增速快于社会消费品零售总额2.8个百分点;网上商店零售额占社会消费品零售总额的比重达到12.4%。

二、 2018年上海第三产业发展趋势判断

2018年,世界经济将延续复苏态势,经济全球化在曲折中发展,世界经济金融格局还将继续深度调整。与此同时,上海继续深入实施和推进自贸试验区和科技创新中心建设这两大国家战略。由此展望,上海第三产业将保持良好发展态势,在平稳增长中继续巩固其重要的经济地位,同时内部行业结构也将持续优化调整。

1. 第三产业有望继续保持良好发展态势

一是上海当前以金融业、批发和零售业两大行业为支撑的第三产业层次结构相对稳固,有力保证了第三产业的平稳增长。具体看,金融业在信贷投放规模保持适度、证券市场交易额增长基本平稳的前提下有望继续成为拉动上海经济的重要动力,并且随着上海自贸试验区金融改革和开放全面深入推进,金融业务创新将不断加快,金融市场体系将进一步完善,金融机构持续集聚和金融基础环境也将持续优化;批发和零售业受商业领域供给侧结构性改革、持续深化内贸流通体制改革发展的推动,有望延续之前的平稳增长态势,并且传统零售业态与网络销售业态的融合发展将取得进一步进展。

二是上海自贸试验区不断深化服务业开放,将为现代服务业发展创造更多空间。根据《中国(上海)自由贸易试验区总体方案》提出的要求,自贸试验区正加快对金融服务、航运服务、商贸服务、专业服务、文化服务以及社会服务领域扩大开放,暂停或取消在这些领域中的准入限制措施,对构筑服务业增长新框架具有持续深远影响。

2. 现代服务业有望实现更快更好发展

上海处在新旧动能转换的转型关键期,第三产业内部的行业结构也将加速调整优化,高附加值的现代服务业的发展潜力有望进一步释放。预计 2018 年第三产业内部将出现如下特征:

一是科学研究服务领域后劲较足。目前,上海科学研究和技术服务业增加值占全市第三产业增加值的比重不到 5%。但是,由于上海正在深入实施具有全球影响力的科技创新中心建设这一国家战略,重点聚焦科创中心"四梁八柱",部署张江综合性国家科学中心建设,布局一批研发与转化功能型平台,着力推动大众创业、万众创新,可以预见,上海有望创造更多的科学研究和技术领域产出。

二是信息服务领域发展较快。当前,信息技术与国民经济社会各行业的深度融合,不断催生新的商业模式,甚至是新兴业态。上海软件和信息服务业在工业软件、人工智能、移动互联网、云计算等领域形成一定特色优势。随着上海智慧城市及具有全球影响力的科技创新中心建设的深入推进,上海信息传输、软件和信息技术服务业的发展环境日益优化,有望继续保持两位数增长。

3. 生活性服务业有望实现创新发展

党的十九大指出,我国社会主要矛盾已经转化为人民日益增长的美好生活需要和不平衡不充分的发展之间的矛盾。上海居民消费也正从生存型实物消费向发展型、享受型服务消费升级。2017 年前三季度,在规模以上社会服务业总产出中,文化、体育和娱乐业总产出比上年同期增长 13.8%,卫生和社会工作总产出增长 15.1%,教育总产出增长 12.8%,均高于规模以上社会服务业总产出平均水平。为进一步推进生活性服务业发展,上海在全国率先提出设立"互联网＋生活性服务业"创新试验区,传统生活性服务业和新兴技术的跨界融合特征显现,已整合形成有机产业链,这将为生活性服务业开拓更宽广的发展空间。

三、 第三产业发展的政策建议

为更好发展上海第三产业,必须紧紧围绕上海基本建成"四个中心"和社会主义现代化国际大都市、形成具有全球影响力的科技创新中心基本框架的要求,按照《上海市服务业发展"十三五"规划》,着力聚焦第三产业发展质量。

1. 立足于服务业的发展品质

虽然近年来上海服务业持续快速发展,但按照党的十九大提出的要求,仍然存在不足。如生产性服务业总体水平有待继续提高,对产业结构优化升级的支撑作用有待进一步发挥;部分生活性服务业发展总体仍较为粗放、质量水平不高、消费环境有待改善等;部分企业在发展中还遇到准入门槛高、税费负担重、市场监管不完善等问题。

2. 致力于发展创新行业领域

上海要顺利实现工业转型,建成具有全球影响力的科创中心,必须强化创新能力提升要求,加快发展研发设计、信息技术、检验检测认证、知识产权、科技金融等生产性服务业。上海要继续围绕科技创新需求,大力发展知识产权代理、法律、信息、商用化、咨询、培训、评估交易、投融资等服务,构建全链条的知识产权服务体系,并建立适应创新链需求的科技金融服务体系。

3. 着眼于拓展企业发展空间

上海要进一步发挥市场在资源配置中的决定性作用,鼓励企业积极承接国际高端服务业转移,鼓励企业积极开展跨国经营,提升总部经济发展水平,拓展企业发展的国际空间。与此同时,要加快供给侧结构性改革,努力提高供给质量,引导消费结构升级,拓展企业市场新空间;鼓励中小企业积极参与平台经济建设,拓展企业服务半径。

2017 年上海金融业评估与 2018 年预测

　　2017 年，上海金融业贯彻稳健中性的货币政策，货币信贷运行平稳，银行业金融机构不良贷款余额和不良贷款率持续双降；金融市场成交额小幅增长，国债期货成交活跃；保险业平稳发展，不断增强社会保障功能；上海自贸区金融改革和国际金融中心建设取得新进展。前三季度，上海金融业实现增加值 3 746.88 亿元，同比增长 11.0%，增幅比全市 GDP 高出 4 个百分点，金融业对上海 GDP 增长的贡献率达到 26.8%。

一、 2017 年上海金融业发展概况和分析

1. 货币信贷平稳运行

（1）各项存款增速放缓，个人存款和非金融企业存款理财化趋势明显

　　11 月末，上海中外资金融机构本外币各项存款余额 113 797.46 亿元，同比增长 3.4%；各项存款较年初增加 3 286.48 亿元，同比少增 3 020.05 亿元。其中，非银行业金融机构存款较年初减少 2 264.86 亿元，主要是证券、基金和交易结算类机构存放的保证金存款和交易结算资金减少较多；且由于非银行业金融机构存款中的托管账户存款一般在季末进行投资或者兑付到期的理财产品，使得存款增长在季末波动较大，3 月份、6 月份、9 月份各项存款分别减少 711.88 亿元、594.06 亿元和 1 024.69 亿元（见图 1）。

　　11 月末，个人本外币存款余额 25 649.65 亿元，同比增长 2.9%；较年初增加 536.39 亿元，同比少增 1 005.58 亿元。其中，个人活期存款同比少增 1 024.60 亿元，个人结构性存款同比多增 371.89 亿元，在存款利率总体较低

的背景下,居民更偏好理财产品,以保本理财产品为主的结构性存款增长较快。非金融企业本外币存款余额 48 185.56 亿元,增长 9.1%;较年初增加 3 098.31 亿元,同比少增 3 035.77 亿元。其中,非金融企业定期存款和协定存款同比少增 2 035.52 亿元,结构性存款同比多增 600.86 亿元,非金融企业倾向于用理财产品置换其他形式的存款以获取更高收益。

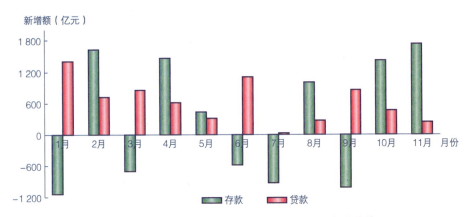

图 1　2017 年 1～11 月上海金融机构本外币新增存贷款情况

(2) 贷款增长加快,企业信贷需求有所回升

11 月末,上海中外资金融机构本外币各项贷款余额 66 781.38 亿元,同比增长 12.2%;各项贷款较年初增加 6 799.13 亿元。其中,非金融企业及机关团体本外币贷款增加 3 895.90 亿元,同比多增 3 639.87 亿元,主要由于债券市场利率走高,原先通过中期票据、短期融资债、企业债等直接融资工具获得大量低成本资金的企业尤其是大型企业集团转向银行贷款;加上受宏观审慎评估体系(MPA)等监管政策影响,银行收缩同业业务和表外投资,加大贷款投放力度。个人贷款新增 3 183.69 亿元,同比少增 899.31 亿元,主要是个人住房贷款增长放缓(见图 2)。

1～11 月,上海市中外资金融机构发放的本外币企业贷款(不含票据融资)主要投向第三产业和制造业,其中租赁和商务服务业、房地产业、批发和零售业、交通运输仓储和邮政业四个行业新增贷款占全部新增贷款的 50.1%,制造业新增贷款 261.68 亿元,比上年同期多增 308.06 亿元(上年同期较年初减少 46.38 亿元)。贷款投向企业规模较为均衡,大、中、小微型企业贷款分别新增 1 738.49 亿元、1 492.08 亿元和 1 528.13 亿元,其中大型和中型企业新增贷款合计比上年同期多增 2 894.16 亿元,大中型企业贷款需求回升明显。

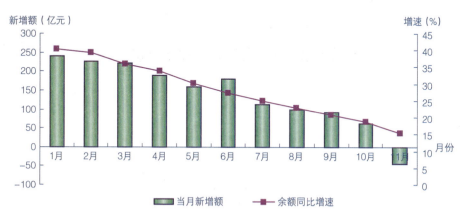

图 2   2017 年 1～11 月上海金融机构人民币个人住房贷款增长情况

2. 信贷资产质量基本稳定,银行业金融机构盈利压力较大

银行业金融机构资产增速放缓,信贷资产质量较为稳定。11 月末,上海银行业金融机构①资产总额为 14.71 万亿元,同比增长 3.9%,增速比上年末下降 7.4 个百分点。其中,受宏观审慎评估体系(MPA)考核等监管政策影响,银行业金融机构人民币存放同业、拆放同业和买入返售等同业资产大幅下降,债券和股权投资呈负增长。随着风险的逐渐暴露并及时处置,上海不良贷款率和不良贷款额持续双降,银行资产质量较为稳定。11 月末,上海银行业金融机构不良贷款余额 378.93 亿元,较年初减少 25.13 亿元;不良贷款率 0.57%,较年初下降 0.11 个百分点。

资金成本走高,银行业金融机构盈利压力较大。1～11 月,上海银行业

① 银行业金融机构包括各类银行、信托投资公司、财务公司、金融租赁公司、汽车金融公司、货币经纪公司和消费金融公司。

金融机构累计实现净利润 1 551.90 亿元,同比增长 10.0%。2016 年 4 季度以来,随着资金市场利率持续上行,市场化定价的银行理财产品利率逐步走高,加上存款理财化趋势加剧,银行资金成本持续上升,而贷款利率上升有限,加上同业市场资金成本大幅走高,银行利息支出中的金融机构往来利息支出增长较快,银行尤其是中小银行盈利压力较大。

3. 保险业平稳发展,不断增强社会保障功能

2017 年,上海保险业务平稳增长。1～11 月,上海原保险保费收入 1 491.65 亿元,同比增长 5.0%。其中,财产险公司原保险保费收入 436.82 亿元,增长 17.9%;人身险公司原保险保费收入 1 054.83 亿元,增长 0.5%。上海保险赔付支出 498.77 亿元,增长 3.3%。其中,财产险赔款支出 205.82 亿元,增长 2.0%;寿险给付 222.89 亿元,下降 2.0%;健康险赔款给付 56.55 亿元,增长 26.1%;意外险赔款支出 13.52 亿元,增长 49.1%。

上海保险业加强创新,推出建设工程质量潜在缺陷保险(IDI)、农业台风巨灾指数保险、粮食作物收入保险、电影完片保险和共享单车保险等一大批保险创新产品,提升保险服务实体经济水平;推出专利质押融资保证保险等产品支持上海科创中心建设;推进老年长期商业护理保险试点,积极发展养老机构责任险和医疗责任保险等责任保险,全面推进"保健康"民生保障工程,促进上海养老产业和医疗事业发展,充分发挥保险保障功能。

4. 金融市场成交额小幅增长

2017 年 1～11 月,上海金融市场总成交额 1 292.37 万亿元,同比增长 5.0%(见表 1)。其中,上海证券交易所、中国金融期货交易所和上海黄金交易所成交额实现两位数增长。

表 1   2017 年 1～11 月上海金融市场成交情况

	成交额(万亿元)	增长(%)
上海金融市场合计	1 292.37	5.0
上海证券交易所	281.67	10.5
♯股票	47.43	3.8
上海期货交易所	82.58	7.0
中国金融期货交易所	22.64	43.3
银行间市场	896.38	2.3
上海黄金交易所	8.76	10.5
♯黄金	6.65	11.5

（1）证券市场：上证综指小幅上扬，新股发行加速再融资放缓

2017 年，上证综指以 3 105.31 点开盘，5 月 11 日盘中最低 3 016.53 点，5 月中旬开始震荡回升，11 月 14 日盘中最高升至 3 450.50 点，11 月 30 日报收于 3 317.19 点（见图 3）。11 月末，上海证券交易所股票市价总值 33.02 万亿元，同比增长 11.8%。1～11 月，上海证券交易所股票成交额 47.43 万亿元，增长 3.8%。其中，上半年尤其是 5、6 月份股票成交较为低迷，下半年受人

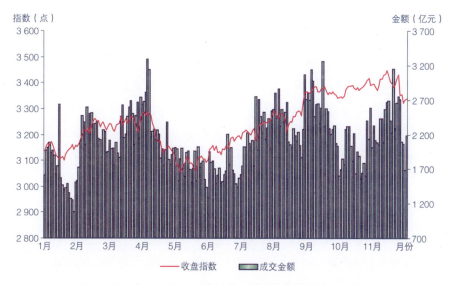

图 3   2017 年 1～11 月上海证券交易所股票指数和成交情况

民币升值、股票市场维稳预期增强等因素影响,股票市场成交额小幅提升。交易所债券市场成交较为活跃,1～11月,上海证券交易所政府债、公司债和债券回购合计成交 227.27 万亿元,增长 12.7%。

1～11月,上海证券交易所通过发行股票为企业融资 7 101.40 亿元,同比下降 6.5%,其中股票 IPO 筹资 1 310.86 亿元,增长 55.9%;股票再次发行筹资 5 790.55 亿元,下降 14.2%,主要是证监会加强了对再融资的监管,特别是重组上市(借壳)、跨界并购与高溢价并购,引导更多资金转向 IPO 市场。上海证券交易所通过发行公司债为企业筹集资金 13 881.44 亿元,下降 42.3%。

(2) 期货市场:商品期货涨跌各异,10 年期国债期货成交活跃

1～11月,上海期货交易所成交额 82.58 万亿元,同比增长 7.0%。其中铅、热压卷板、线材期货成交额分别增长 4 倍、2.5 倍和 1.4 倍,锡、镍、黄金、白银和石油沥青期货成交额则出现两位数下滑。中国金融期货交易所成交额 22.64 万亿元,同比增长 43.3%。其中,中证 50 指数期货合约和 10 年期国债期货成交额分别增长 1.3 倍和 76.0%,而上证 50 指数期货合约成交额下降 5.9%。

(3) 黄金市场:黄金价格较为平稳,成交额小幅增长

1～11月,上海黄金交易所成交额 8.76 万亿元,同比增长 10.5%,其中黄金交易额 6.65 万亿元,增长 11.5%。2017 年,避险需求驱动国际金价阶段性上涨,国际黄金价格自年初最低的 1 146.14 美元/盎司开盘,随后开始反弹,并于 9 月 8 日达到高点 1 357.67 美元/盎司。与国际黄金价格走势息息相关的上海黄金交易所黄金价格小幅上升。年初,上海黄金交易所现货黄金主力品种 Au99.99 以每克 263.04 元开盘,2 月份小幅上涨,4 月 13 日最高升至 300 元,4～10 月黄金价格在 265 元～290 元之间震荡,11 月 30 日报收 274.39 元。

(4) 银行间市场:流动性紧平衡,本币市场和外汇市场冷热不均

2017 年,央行"削峰填谷"保持流动性基本稳定,货币市场维持紧平衡。央行多次通过公开市场操作回笼流动性,调高逆回购等利率,带动市场利率走高,加上银行业监管加强使得银行同业业务收缩等因素影响,银行间市场资金利率上升,5 月份以来,资金面逐渐修复,流动性较为平稳。11 月份银行间市场同业拆借月加权平均利率为 2.92％,比上年末上升 0.48 个百分点,质押式债券回购月加权平均利率为 3.0％,比上年末上升 0.43 个百分点。

1～11 月,银行间市场成交额 896.38 万亿元,同比增长 2.3％。受监管政策影响,银行业金融机构大幅收缩同业业务和相关投资,银行间货币市场成交额 626.41 万亿元,下降 2.3％,债券市场成交额 95.21 万亿元,下降 18.6％。外汇市场成交额 162.68 万亿元,增长 48.5％,主要是随着人民币汇率双向波动成为常态,外汇避险需求进一步激发,外汇和外汇衍生品成交额持续增长。

5. 上海国际金融中心建设稳步推进

(1) 上海自贸试验区金融改革创新取得新进展

2017 年,上海自贸试验区"金改 40 条"细则逐步落地,进一步发挥上海自贸试验区金融开放创新的"试验田"作用。一系列创新型金融开放措施开始推出并落地,《自由贸易试验区外商投资准入特别管理措施(负面清单)(2017 年版)》和《中国(上海)自由贸易试验区金融服务业对外开放负面清单指引(2017 年版)》正式推出,进一步放宽外商投资准入,是实施新一轮高水平开放尤其是金融业对外开放的重要举措。

(2) 金融产品和工具不断创新,上海国际金融中心影响力进一步提升

2017 年以来,金融机构类型和金融产品不断丰富,比如国内首家航运自保公司—中远海运财产保险自保公司成立、原油期货业务规则正式发布有望在年内上市、自贸区首批全功能型跨境双向人民币资金池落地等。国际金融中心影响力和话语权不断提升,中债金融估值中心落户上海并实现债券市场基准价格在沪发布,进一步巩固上海作为人民币资产定价中心的地位;首个中央对手清算行业国际标准《CCP12 量化披露实务标准》(即"外滩标准")发布,标志着我国对国际金融监管规则参与度和引领度提升。

(3) 服务"一带一路"建设,不断推进金融市场对外开放

2017 年,与支持"一带一路"建设相结合,上海金融业对外开放取得新进

展。俄罗斯铝业联合公司在上海证券交易所成功发行 10 亿元人民币债券（即熊猫债券），开启"一带一路"沿线国家企业发行熊猫债券之路。各交易所加强与国外交易所战略合作，上海黄金交易所和匈牙利布达佩斯证券交易所签署合作备忘录，推进黄金市场国际化；上海证券交易所和莫斯科交易所签署合作备忘录，与哈萨克斯坦阿斯塔纳国际金融中心管理局签署合作协议，将共同投资建设阿斯塔纳国际交易所。上海清算所顺利完成"债券通"试运行首单结算业务，"债券通"中的"北向通"正式运行，债券市场对外开放取得新进展。

二、 2018 年上海金融业发展趋势判断

1. 信贷投放规模将继续保持适度

2018 年，贷款供求将继续保持总体平衡状态，促进贷款增长的有利因素和不利因素都可能增多。一方面，贷款利率总体平稳，银行在强监管政策下收缩表外业务，信贷可能会获得更多资金；上海的旧区改造项目、市政基础设施建设项目等融资需求有望加速释放；科创中心建设可能会促进新产业新业态相关贷款快速增长。另一方面，随着金融市场利率趋于稳定，部分企业尤其是大企业可能继续转向直接融资；非金融企业信贷需求是否持续回暖尚待观察；受清理整顿地方政府融资平台及地方债置换的影响，部分地方政府融资平台贷款项目提前还贷现象仍有可能持续。预计 2018 年上海金融机构本外币贷款投放规模将保持适度。

2. 金融业从严监管将常态化

2017 年在金融业去杠杆大背景下，"一行三会"加强对金融业监管。保险业重点围绕公司治理、保险产品和资金运用三个关键领域加强监管，前三季度全国有 60 多家保险公司被处罚，罚款额度以及对相关负责人的处罚力度都超过以前年度；央行从 2016 年起开展宏观审慎评估体系（MPA）考核，

将债券投资、股权及其他投资、买入返售资产等科目纳入广义信贷考核，2017 年将表外理财纳入广义信贷考核；银监会针对银行业经营乱象连发多文，重点治理理财和同业空转问题、银行调整各种监管指标的手法（例如不良假出表）、银行藏匿不良贷款等问题；证监会重罚操纵市场、信披违规的徐翔、鲜言等人，整理清肃上市公司质量，加强对上市公司再融资的监管。预计 2018 年将延续金融业从严监管的态势，重点加强对银行业同业和投资业务、保险业资金运用、资本市场运行和资产管理业务等的监管，引导资金回归实体经济本源。

三、 2018 年促进上海金融业稳健发展的对策建议

1. 严防资金"脱实向虚"，不断提高金融服务实体经济水平

上海金融业要严格按照相关监管要求，积极优化信贷结构、盘活存量，加大对重点行业和科技、文化、战略性新兴产业等重点领域的金融支持，引导信贷资源投向新经济、小微企业及"三农"等重点领域和薄弱环节；保险业要继续加强创新，完善城乡居民大病保险制度、老年长期商业护理保险、医疗责任险等保险制度，充分发挥保险业的保障功能；进一步规范资本市场，充分发挥资本市场投资和融资功能，不断提升上海金融业服务实体经济的水平。

2. 联动推进上海国际金融中心建设

继续推动自贸试验区"金改 40 条"细则落地，争取更多的金融创新试点在上海率先实施，推动贸易与投资自由化和便利化、外汇市场管理、资本项目可兑换等政策完善和体制机制改革，以自贸区金融改革带动上海金融业创新和对外开放；继续推进科技金融创新，努力拓宽科技企业融资渠道，加大金融服务科技创新的力度；继续推进金融服务"一带一路"建设，加强上海金融市场与"一带一路"沿线国家（地区）双边和多边合作，将上海建成"一带一路"投融资中心和全球人民币金融服务中心。

2017 年上海房地产市场
评估与 2018 年预测

2017 年，上海继续贯彻国家"因城施策"要求，始终坚持"房子是用来住的、不是用来炒的"的定位，不断细化房地产调控措施，房地产市场运行总体平稳，房价出现小幅下跌。

一、 2017 年上海房地产市场基本情况

在全国各地房地产市场调控趋严的背景下，上海实施了以"销售公证摇号"及"销售一价清"等精准聚焦式的细化调控措施。2017 年，上海房地产市场呈现投资增幅低位波动、在建施工基本稳定、新建住房供应大幅减少、楼市交易表现低迷、房价小幅下跌的态势。

1. 房地产开发建设总体平稳

（1）房地产开发投资增幅低位波动

2017 年，上海房地产开发投资小幅增长，1～11 月房地产开发投资 3 412.34 亿元，比上年同期增长 3.0%，预计全年实现投资 3 820 亿元，比上年增长 3.0%左右，增幅较上年回落约 3.9 个百分点。

2017 年，上海房地产开发投资呈现增幅震荡回落、低位波动态势，1～2 月 10.0%的增速为全年最高点，之后逐月回落，上半年降至 4.1%，之后在 3%～5%的区间低位运行。1～11 月，上海房地产开发投资占全市固定资产投资的 55.3%，比重同比下降 2.1 个百分点。

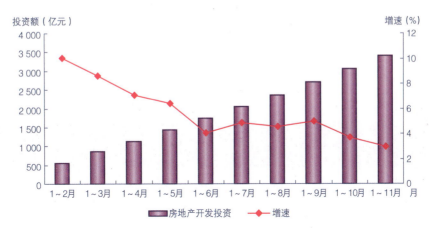

图 1　2017 年 1～11 月上海房地产开发投资情况

从房屋类型看，住宅投资占比小幅上升。1～11 月，上海住宅投资 1 917.13 亿元，比上年同期增长 7.5％，占房地产开发投资的 56.2％，占比提高 2.4 个百分点；办公楼投资 557.58 亿元，下降 8.6％，占投资总额的 16.3％；商业用房投资 450.82 亿元，增长 0.2％，占投资总额的 13.2％。

随着近些年高楼板价的土地进入建设阶段，土地购置费呈现快速增长，占房地产开发投资的比重大幅提高。1～11 月，上海土地购置费 1 353.33 亿元，比上年同期增长 26.6％，占房地产开发投资的 39.7％，占比提高 7.4 个百分点。

（2）商品房建设规模基本稳定

上海商品房建设规模基本稳定，施工面积微幅增长。1～11 月，上海商品房施工面积 15 002.63 万平方米，比上年同期增长 1.4％。其中，住宅 7 825.67 万平方米，同比下降 1.8％。

受土地供应减少影响，1～11 月上海商品房新开工面积 2 350.50 万平方米，比上年同期下降 7.2％。其中，住宅新开工面积 1 266.80 万平方米，同比下降 4.1％，其中的市场化住宅新开工面积为 676.67 万平方米，同比下降 6.1％，占全部住宅新开工面积的 53.4％，比重小幅回落 1.2 个百分点；保障性住宅新开工面积 590.13 万平方米，同比下降 1.6％。

1～11 月，上海商品房竣工面积 2 616.85 万平方米，比上年同期增长 39.4％。其中，住宅竣工面积 1 467.42 万平方米，同比增长 28.1％。从结构分析,市场化住宅竣工面积838.23万平方米,同比增长38.8%,占全部住宅竣工面积的57.1%;保障性住宅竣工面积629.19万平方米,同比增长16.2%(见表1)。

表1 2017年1～11月上海住宅新开工、竣工面积情况

指　标	新开工面积 (万平方米)	增速(%)	比重(%)	竣工面积 (万平方米)	增速(%)	比重(%)
住　宅	1 266.80	-4.1	100.0	1 467.42	28.1	100.0
市场化	676.67	-6.1	53.4	838.23	38.8	57.1
保障性	590.13	-1.6	46.6	629.19	16.2	42.9

(3) 到位资金出现下降

2017年1～11月,上海房地产开发项目本年到位资金4 777.58亿元,比上年同期下降13.9%。受房地产信贷额度控制影响,国内贷款仅小幅增长3.6%;受新建商品房销售面积下降影响,定金预付款及个人按揭贷款大幅下降36.6%(见表2)。

表2 2017年1～11月上海房地产项目本年到位资金情况

指　标	资金(亿元)	增速(%)	比重(%)
本年到位资金	4 777.58	-13.9	100.0
♯国内贷款	1 251.35	3.6	26.2
自筹资金	1 376.65	15.2	28.8
其他资金	2 144.79	-31.7	44.9
♯定金预付款及个人按揭贷款	1 843.69	-36.6	38.6

截至2017年11月底,上海中外资银行本外币房地产贷款余额19 776.85亿元,比上年同期增长13.2%。其中,房地产开发贷款余额5 438.76亿元,增长10.1%;个人购房贷款余额13 514.52亿元,增长14.3%。上海公积金贷款余额3 522.52亿元,增长9.4%。

2. 楼市交易量出现大幅萎缩

2016 年上海经历了三次房地产调控,年底楼市交易出现明显降温,2017 年全国房地产调控不断加码,上海行政监管措施持续高压、房地产调控政策不断细化。在此背景下,上海楼市交易表现低迷,成交量出现大幅萎缩。

(1) 新建商品房销售面积大幅下降

1～11 月,上海新建商品房销售面积 1 501.24 万平方米,比上年同期下降 38.0%。其中,住宅销售面积 1 200.13 万平方米,同比下降 33.7%(见图 2)。新建市场化住宅供应大幅减少,导致销售面积同比腰斩,仅成交 515.90 万平方米,同比下降 54.7%,占全部新建住宅销售面积的 43.0%,比重回落 20 个百分点;政策主导的保障性新建住宅销售面积 684.23 万平方米,小幅增长 2.1%。

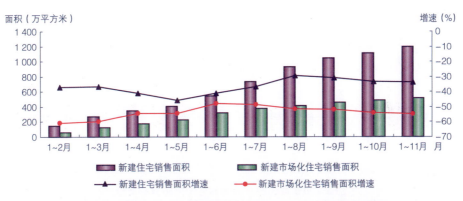

图 2 2017 年 1～11 月上海新建住宅及市场化住宅销售面积情况

2017 年,上海不断规范"类住宅"销售市场,与 2016 年火爆的销售场面相比,商办楼销售形势急转直下。1～11 月,上海办公楼销售面积 110.20 万平方米,比上年同期下降 61.2%,上年同期则是大幅增长 72.6%;商业营业用房销售面积 67.57 万平方米,同比下降 61.1%,上年同期则是大幅增长 76.0%。

(2) 存量住宅销售低迷

1～11 月,上海存量房网签面积 1 364.70 万平方米,比上年同期下降

60.0％。其中,存量住宅网签面积 1082.88 万平方米,同比下降 64.5％,前 11 个月的交易量还不及 2016 年 1 季度 1086.10 万平方米的规模。

从月度成交量看,1 月份、2 月份适逢春节假期,成交量均低于 80 万平方米;3 月份市场迎来"小阳春",成交量反弹至年内最高的 153 万平方米;之后随着全国各地调控政策出台,上海楼市交易趋冷,成交量出现萎缩,4 月份、5 月份分别为 121 万平方米和 114 万平方米;之后市场观望气氛更加浓厚,6 月份到 11 月份的月成交量均在 90 万平方米左右的规模低位波动,传统的"金九银十"行情未现。从 2015 年开始,上海改善性购房比例不断上升,存量住宅交易规模持续扩大,但 2017 年以来月均成交量只有 2016 年和 2015 年月均成交量的 37.4％和 38.9％,目前上海楼市交易低迷可见一斑(见图 3)。

面积（万平方米）

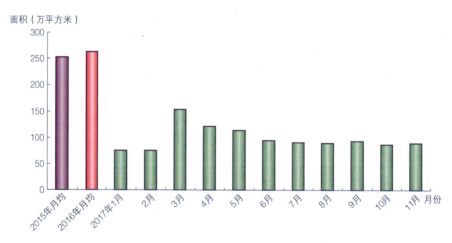

图 3　2015 年以来上海存量住宅网签月成交量

(3) 新建市场化住宅可售面积下降

2017 年,尽管上海房地产市场交易冷清,新建住宅交易量大幅萎缩,但由于行政措施干预,新增供应降幅更大,导致上海新建市场化住宅网上可售面积在 2016 年底 662 万平方米的低规模基础上继续减少。2017 年 11 月末,新建市场化住宅网上可售面积仅 487 万平方米,按近 12 个月月均成交量计算,11 月末上海库存去化周期约 9.9 个月。

(4) 多因素导致交易量大幅萎缩

上海新建及存量住宅交易量大幅萎缩主要有三方面的原因。第一,新建市场化住宅供应量减少，2017 年前 11 个月的月均供应量仅 32.87 万平方米，只有 2016 年月均供应量的 48.7％，只有 2014～2016 年月均量的 36.4％。第二，2017 年上海房地产调控措施不断细化，楼市调控持续进行且无放松迹象，信贷供应双收紧的调控政策导致交易量减少、成交周期大幅拉长。第三，房地产开发商经历了 2016 年的交易繁荣，在目前土地资源紧缺、市场化住宅供地不足的背景下，倾向于持有房屋存货，推盘积极性不高。

3. 房价呈总体平稳态势

(1) 住宅销售价格总体平稳，部分月份小幅波动

1～11 月，上海新建商品住宅价格总体保持平稳，环比累计下降 0.2％。分月看，2 月份价格环比小幅上升 0.2％，3～9 月均小幅下降或持平，到了 10 月份，市场出现小幅反弹，价格环比上升 0.3％；11 月份价格重新持平。受上年翘尾因素影响，1～11 月，上海新建商品住宅价格比上年同期上升 11.1％。

1～11 月，上海二手住宅价格环比累计上升 0.5％。其中，2 月份价格环比微升 0.2％；3 月份扩大到 0.7％，4 月份为 0.8％；5 月份趋于平稳，6～9 月，二手住宅价格均呈下降态势，降幅在 0.1％～0.4％之间；10 月份价格小幅上升 0.3％；11 月份价格重新出现下降，降幅也为 0.3％（见图 4）。1～11 月，上海二手住宅价格比上年同期上升 10.4％，升幅比新建商品住宅低 0.7 个百分点。

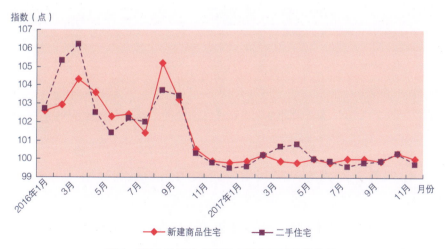

图 4　2016 年以来上海住宅销售环比价格指数

(2) 上海住宅销售价格与北京、广州、深圳比较

国家统计局发布的 70 个大中城市住宅销售价格变动情况显示,1～11月,全国 70 个大中城市中,有 11 个城市新建商品住宅销售价格环比累计下降,其余 59 个城市价格均上升。在房价下降的 11 个城市中,深圳降幅最大,为 2.9%,上海降幅(0.2%)与天津、合肥排并列第 9 位。从二手住宅看,1～11 月,有 5 个城市二手住宅销售价格环比累计出现下降,其余 65 个城市价格均上升。在房价上升的城市中,长沙升幅最高,为 11.4%,上海升幅(0.5%)最低。

在北、上、广、深四个一线城市中,1～11 月,仅广州新建商品住宅销售价格环比累计有所上升(5.8%),其余三个城市价格均下降。其中,上海降幅为0.2%,分别比北京和广州低 0.2 个和 2.7 个百分点。从二手住宅看,1～11月,上海二手住宅销售价格环比累计上升 0.5%,升幅分别比广州和深圳低9.9 个和 0.6 个百分点;北京价格则出现下降,降幅为 1.1%。

1～11 月,上海新建商品住宅销售价格比上年同期上升 11.1%,升幅在四个一线城市中列第 3 位(见表 3)。

表3　2017 年 1～11 月一线城市住宅销售价格指数及排序表

城市	新建商品住宅				二手住宅			
	累计环比(上年 12 月价格＝100)	排序	同比(上年同期价格＝100)	排序	累计环比(上年 12 月价格＝100)	排序	同比(上年同期价格＝100)	排序
北京	99.6	3	111.9	2	98.9	4	115.6	2
上海	99.8	2	111.1	3	100.5	3	110.4	3
广州	105.8	1	116.7	1	110.4	1	121.3	1
深圳	97.1	4	104.0	4	101.1	2	104.0	4

4. 当前上海房地产市场供应短缺的问题较为突出

2016 年 10 月发布的"沪六条"政策中要求进一步加强新建商品住房预售售管理,全市新建商品住房销售方案备案实行市、区两级审核(包括预售

许可和现房销售备案），对上市房源定价不合理的坚决予以调整。受此行政措施影响，上海新建市场化住宅供应大幅减少，1～11 月上海新建市场化住宅供应 361.54 万平方米，比上年同期下降 50.6％。从月均供应量看，2017年月均量仅是 2016 年月均量的 48.7％，只有 2014～2016 年月均量的 36.4％（见图 5）。

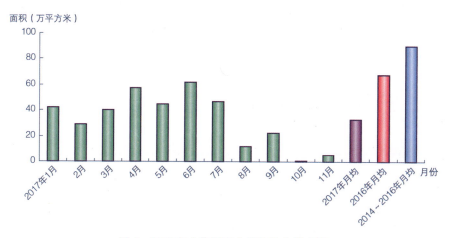

图 5　2017 年上海新建市场化住宅供应量

二、 2018 年上海房地产市场趋势判断

1. 房地产开发投资延续低位运行走势

2017 年，上海房地产开发投资增速总体呈现震荡回落，预计 2018 年上海房地产开发投资将延续低位运行走势，主要原因：一是在建规模小幅增长，2017 年 1～11 月上海施工面积同比增长 1.4％；二是土地费用增长较快商品房占比提高，1～11 月土地购置费同比增长 26.6％，占比提高 7.4 个百分点；三是建安投资上升，房屋建设标准及装修房比例都呈现上升趋势，前三季度上海建筑安装工程投资价格指数 108.9，建安投资占全部房地产开发投资的 54.3％；四是宏观经济稳定增长需要房地产开发投资保持一定的力度。

2. 楼市交易量略有回升

上海市市长应勇明确表示上海严控高房价和高地价不是权宜之计，以"供应管控"为代表的调控政策将继续维持，因此 2018 年上海楼市不存在交易量大幅反弹的基础。考虑到交易规模长期低于正常年份水平的可能性较小，加之供应不可能无限制延后，同时商办类供应量在 2018 年会有所增加。综合判断，预计 2018 年上海楼市交易量略有回升。

3. 住宅销售价格趋于平稳

党的十九大报告强调"房子是用来住的，不是用来炒的"，上海市政府也提出"严控高房价和高地价不是权宜之计"，调控政策在 2018 年不会有很大改变。预计 2018 年，上海住宅销售价格仍将保持平稳或小幅波动的走势。主要原因：一是供应继续保持较低水平，市场出现"量价齐升"的可能性不大；二是 2017 年开始上海多块租赁地块的入市，对市场预期产生了一定的影响，将对稳定房价产生一定的作用；三是对普通购房者而言，居民收入增长很难支撑房价继续快速上涨。

三、 上海房地产市场平稳发展的对策建议

房地产市场平稳发展，不仅有利于房地产市场本身可持续发展，同时也有利于宏观经济健康发展。目前，对于上海这样的特大型城市，应保持当前各项政策不放松，同时加快建立多主体供应、多渠道保障、租购并举的住房制度。

1. 继续坚持调控政策不放松

2016 年 10 月至今上海市政府多次出台政策，从多个方面对楼市进行调

控,取得了较明显的效果。尤其是对新建商品住房销售方案备案实行"市、区两级审核"制度,直接影响新房定价,在很大程度上控制了上海房价的上涨。因此,建议在短期内继续严格执行房价调控政策,确保上海房价继续保持平稳。

2. 稳步推进租购并举

近年来,上海房价和地价的轮番上升、相互推高是上海房地产市场的重要特征之一。而 2016 年出现的"地王"也在推高购房者预期的基础上,推高了上海的房价。因此,从长期来看要坚持《上海市住房发展"十三五"规划》中提出的"明显增加住房用地供应总量,保证商品住房供应稳中有升",同时根据十九大报告精神,也要"加快建立多主体供给、多渠道保障、租购并举的住房制度"。

分 报 告

价格篇

2017 年上海生产价格评估与 2018 年预测

      2017 年，受国内经济稳步增长、国际大宗商品价格震荡上行及供给侧结构性改革深入推进等因素的共同影响，上海工业生产者价格同比持续上升，各月升幅总体呈"M"型走势。预计 2017 年全年上海工业生产者出厂价格总水平比上年上升 3.5%，购进价格总水平上升 8.9%。

一、 2017 年上海工业生产者价格运行情况分析

1. 工业生产者价格总体情况

（1）同比升幅冲高回落后再反弹，11 月份再次回落

      2017 年 1～11 月，上海工业生产者出厂价格总水平比上年同期上升 3.5%，升幅同比扩大 5.0 个百分点；购进价格总水平上升 9.1%，升幅同比扩大 12.3 个百分点。从近年价格走势看，上海工业生产者价格同比从 2012 年 1 月进入下降通道，2014 年下半年开始，同比降幅持续扩大；2015 年，同比维持在低位运行；2016 年，同比降幅持续收窄，至 10 月份，同比首次转为上升；2017 年，1～3 月同比升幅逐月冲高，4～7 月逐月回落，8～10 月再次走高，11 月份又有所回落，全年呈"M"型走势（见图 1）。

（2）环比先升后降再升，总体呈"V"型走势

      2017 年 1～11 月，上海工业生产者出厂价格总水平环比累计上升 2.3%，升幅比上年同期扩大 0.2 个百分点；购进价格总水平环比累计上升 4.6%，升幅比上年同期收窄 2.5 个百分点。从走势看，2014～2015 年，除个别月份环比上升外，上海工业生产者价格基本处于下降区间；2016 年 3 月开始，环比由降转升，并连续 13 个月处于上升区间。2017 年，1～3 月环比上升，4～7 月环比下降，8～11 月环比再次上升，年内呈"V"型走势（见图 2）。

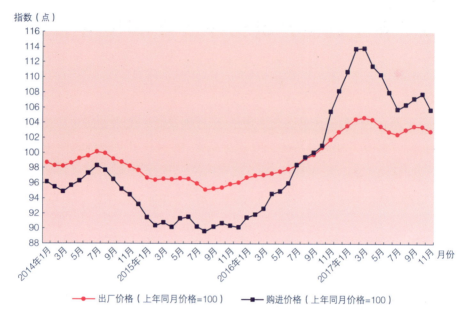

图 1　2014～2017 年上海工业生产者出厂价格和购进价格月度同比指数

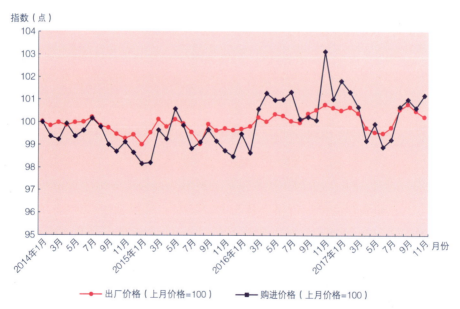

图 2　2014～2017 年上海工业生产者出厂价格和购进价格月度环比指数

2. 工业生产者价格运行特点

(1) 三大行业产品价格变动对出厂价格总指数的贡献率近八成

2017 年 1~11 月,在上海调查的 35 个大类工业行业中,产品出厂价格同比上升的有 24 个,上升面为 68.6%,比上年同期扩大 40.0 个百分点。其中,石油加工炼焦和核燃料加工业、化学原料和化学制品制造业、黑色金属冶炼和压延加工业三个大类行业(以下简称"三大行业")出厂价格同比分别上升 14.6%、17.0% 和 20.2%,升幅较大,共计上拉总指数 2.7 个百分点,贡献率达 77.1%。从环比数据看,1~11 月,三大行业出厂价格环比累计分别上升 9.5%、9.0% 和 11.1%,共计上拉总指数 1.7 个百分点,贡献率达 73.9%(见表 1)。

表1 2017 年 1~11 月上海三大行业出厂价格变动及对总指数的影响

类　　　别	同比升幅(%)	对总指数影响(百分点)	环比累计升幅(%)	对总指数影响(百分点)
工业生产者出厂价格	3.5		2.3	
#石油加工、炼焦和核燃料加工业	14.6	0.5	9.5	0.4
化学原料和化学制品制造业	17.0	1.3	9.0	0.8
黑色金属冶炼和压延加工业	20.2	0.9	11.1	0.5

(2) 生产资料和生活资料产品出厂价格同比均上升

2017 年 1~11 月,上海生产和生活资料两大部类产品出厂价格同比均上升。生产资料产品出厂价格上升 5.0%,其中采掘类、原料类和加工类产品价格分别上升 11.3%、13.5% 和 2.8%;生活资料产品出厂价格微升0.3%,其中食品类和一般日用品类产品出厂价格分别上升 0.7% 和 4.3%,衣着类和耐用消费品类分别下降 1.9% 和 1.6%。分月看,2017 年前 11 个月,生产资料产品出厂价格同比均上升,升幅在 3.4%~6.7% 之间;生活资料产品出厂价格除 10 月份持平和 11 月份微降 0.3% 外,其他各月同比升幅在 0.2%~0.8% 之间(见表 2)。

表2　2017年1～11月上海生产和生活资料产品价格同比升降幅度

单位:%

类　别	1月	2月	3月	4月	5月	6月	7月	8月	9月	10月	11月
生产资料	5.0	6.5	6.7	6.0	5.0	3.9	3.4	4.3	5.0	5.0	4.3
生活资料	0.5	0.2	0.3	0.8	0.4	0.3	0.3	0.3	0.3	0.0	−0.3

（3）九大类原材料购进价格同比均上升

2017年1～11月,上海九大类工业生产者购进价格同比均上升。其中,燃料动力类和黑色金属材料类同比升幅较大,分别为22.1%和18.9%,比上年同期分别扩大32.8个和19.9个百分点;其余五大类同比升幅在2.3%～11.4%之间。

（4）上海出厂价格升幅低于全国,购进价格升幅高于全国

2017年1～11月,上海工业生产者出厂价格比上年同期上升3.5%,升幅低于全国平均水平2.9个百分点;购进价格比上年同期上升9.1%,升幅高于全国0.8个百分点。

上海工业生产者出厂价格月度同比走势与全国基本一致。从近三年数据看,2014年下半年开始全国和上海同比均一路走低,至2015年8月达到近年最低值;2015年9月开始,同比一路冲高,且先后在2016年的9月和10月转降为升;2017年,同比升幅均经历两波先升后降的过程(见图3)。

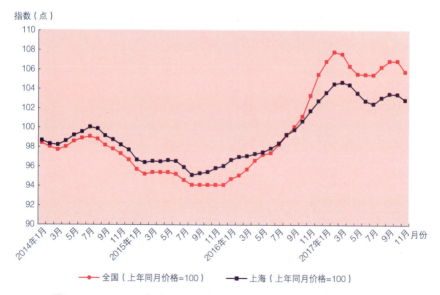

图3　2014～2017年全国和上海工业生产者出厂价格月度同比指数

3. 工业生产者价格高位震荡运行的原因分析

2017年,供给侧结构性改革深入推进,"史上最严"环保法稳步实施,使大量过剩产能得以有效化解,供给端减量提质成效显著,同时大宗商品价格震荡上行,国内需求稳中走强,是工业品价格震荡上行的主要原因。

(1) 供给侧结构性改革深入推进,主要行业供求关系有所改善

2017年,以"三去一降一补"为主线的供给侧结构性改革深入推进,全国工业产能利用率达到近几年最高水平,加之"史上最严"环保法的坚定执行,钢铁、煤炭等行业去产能成效显著,供求关系稳步改善。2017年,钢铁行业去产能已超额完成5 000万吨年度目标,全国已累计压减粗钢产能超过1.15亿吨;煤炭行业全年1.5亿吨的去产能任务目标也已超额完成。同样,其他如有色金属、化工等行业的产能利用率也得到进一步提高。供求关系的改善使上海主要工业行业产品价格延续了2016年第4季度以来的上升态势,虽有震荡,但总体在较高位运行。

(2) 大宗商品价格震荡上行,是工业品价格上涨的成本推动因素

调研显示,大宗资源类商品价格的上涨主要推动上海中上游工业企业的产品价格上升。相对而言,在上海的工业产业结构中,中上游行业的产值所占比重较大,价格指数的波动对总指数波动的影响也较大,因而大宗商品价格的上涨直接推动了上海工业品价格的总体上行。2017年,大宗商品的走势整体以震荡上行为主旋律。其中,WTI(美国西得克萨斯轻质原油)期货价格前三季度维持在50美元/桶左右,至12月下旬,冲高到近60美元/桶的相对高位;煤炭价格虽在年中经历一波下跌行情,但3季度开始,重拾涨势,至10月中旬,煤炭指数一度冲高到910点左右,较年初的850点左右上涨了约60点;普氏62%铁矿石指数走势较为跌宕,在1季度达到峰值后一路走低,直至3季度再度走高后再次回落,但整体价格仍处在相对高位。其他大宗商品如有色金属、橡胶等产品价格也整体上行。

(3) 市场需求稳中走强,是工业品价格上涨的需求拉动因素

一方面,得益于基建与房地产投资稳步增长、新能源汽车产销两旺以及

出口的稳步增加,尤其是计算机、通信和其他电子设备制造业对上海工业出口增长的明显拉动等,相关行业产品的市场需求稳中有升;另一方面,随着供给侧结构性改革与环保限产的深入推进,市场对部分工业品库存下降的预期增强,销售环节补库存需求也有所提升。因此,虽然存在季节性、阶段性的需求差异,但总体需求稳中走强,在供给端有所收缩的情况下,中下游行业基本面得以改善,价格传导有所显现,进一步拉动了工业品价格的上涨。

二、 2018年上海工业生产者价格总水平走势预判

2018年,全球经济回升向好的总体趋势有望得以延续,但经济复苏仍存在着诸多不确定性,而国内经济发展新常态将继续维持。考虑到2017年生产者价格各月同比持续上升、环比波动运行的既有态势,初步判断,2018年前期上海工业生产者出厂价格将保持平稳,但中后期同比升幅或有所收窄。经测算,1季度工业生产者出厂价格同比升幅在2.5%左右,购进价格升幅在4.5%左右的可能性较大。上述判断主要基于以下几方面原因:

1. 大宗商品价格继续大幅上升的概率较低

当前,全球的政治格局仍较为复杂,经济走向的不确定性较大,国际市场大宗商品价格后期虽然仍存在上涨趋势,但在目前已达相对高位的情况下,继续大幅上涨的概率在降低。从主要大宗商品看,原油价格虽在2017年4季度一路冲高,但OPEC减产协议效用能否持续、美国页岩油的复产等都会对油价的持续上涨产生冲击;铁矿石的价格在钢价持续走高的基础上虽有一定程度的跟涨,但其库存已在高位,且随着钢铁去产能的持续推进,后期对其原料铁矿石的需求也不容乐观。煤炭、钢铁等大宗商品价格同样受基本面的制约,在短期内大幅上涨的可能性较小。但另一方面,供给侧结构性改革的推进仍在继续,短期内大宗商品价格也难以出现大幅下降。

2. 结构化产能过剩局面依然存在

2017 年，虽然在钢铁、煤炭等领域的去产能成效显著，但包括中下游行业在内的国内工业整体供大于求的局面短期内难以改观。同时，中国经济运行体制机制仍在完善，市场机制的作用仍需进一步发挥，加上地方利益的干扰，综合领域的去产能任务仍然艰巨。

3. 投资需求可能降温

党的十九大提出"房子是用来住的，不是用来炒的"，房地产调控可能长期持续，相关领域投资需求拉动力或随之减弱，加之汽车市场也存在周期性景气变动，因而 2018 年，钢铁、化工等行业产品价格的上涨可能有所缓和，对工业生产者价格总水平上升的拉动力将有所减弱。

三、 对保持上海工业生产者价格稳定运行的对策建议

1. 以提高供给体系质量为主攻方向，进一步增强经济质量优势

提升优质产能利用率要与去除落后、低效产能在同一个步调上。只有进一步让优质产能全面占领主流市场，不给低效产能休整复出的机会，才能保证去产能的连续性，才能真正提升有效供给质量，形成良性循环。一方面，要用需求侧的高标准倒逼供给侧的质量提升，引导工业行业产品向高端迈进，提升市场竞争力；另一方面，供给侧也要主动提升质量，促进工业行业的结构优化升级，创造新供给，满足新需求。

2. 进一步完善大宗商品价格调控机制，提高抵御外部风险的能力

进一步完善石油定价机制及大宗商品库存储备机制，防止资金炒作造

成大宗商品价格的大幅波动；通过对外部能源和矿产等资源投资合作及开发利用，输出生产能力，稳步推进人民币计价石油期货，增强对国际资源类产品的定价权与话语权；制定中国自己的大宗商品权威指数，提高其代表性和影响力。例如作为全球最大的铁矿石消费国，中国可推出自己的铁矿石价格指数，通过相关制度保障，不断规范其在铁矿石贸易中的应用，提高其权威性，以掌握价格的主动权。

3. 坚持引进来和走出去并重，推动更深入的开放新格局

党的十九大报告明确提出"全面开放新格局"，"要以'一带一路'建设为重点，坚持引进来和走出去并重"。上海要进一步完善对外开放机制体制，以扩大开放促进深化改革，以深化改革促进扩大开放，为企业走出去营造良好的制度环境、金融环境、安全环境和舆论环境；要深入推进自贸试验区扩大开放试点试验，对标国际最高标准，探索更高标准的贸易监管制度，助力推动以油品为核心的国际大宗商品贸易自由化。

2017 年上海居民消费价格评估
与 2018 年预测

2017 年 1～11 月，上海居民消费价格同比走势呈高开快落后稳，升幅为 1.7%，位于近五年较低水平。变动特征主要表现为："两淡"蔬菜保险托底，最热夏天菜价平稳；多重调控政策起效，房租得到有效控制；三年医改持续推进，医疗保健领涨 CPI；劳务型服务刚性上升，民办教育普涨受关注。

一、 2017 年上海居民消费价格运行分析

1. 总体概况

(1) 同比高开快落后稳，环比窄幅震荡波动

从同比走势看，2017 年上海居民消费价格呈高开快落后稳，1～11 月同比上升 1.7%，较上年同期回落 1.5 个百分点。因"双节"和上年翘尾影响，1 月份高位开局，2～11 月快速回落，并平稳运行在 1.0%～2.0% 区间，"1"时代为五年来低位(见图 1)。

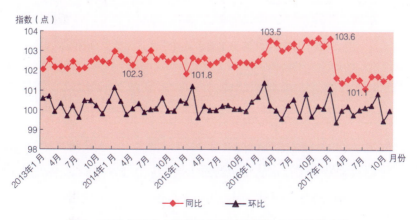

图 1　2013 年以来上海居民消费价格同比、环比指数走势

从环比走势看,上海居民消费价格窄幅震荡波动。1～11月,除1月份因节日因素环比上升1.1%以外,其余各月环比均在-1%～1%范围波动,1～11月平均上升0.1%。

(2) 八大类价格同比齐升,升幅较上年同期回落

从两大分类看,服务和消费品价格同比升幅均有所回落。1～11月,服务价格同比上升2.3%,较上年同期回落2.3个百分点;消费品价格同比上升1.2%,升幅回落1.0个百分点。

从八大分类看,1～11月,居民消费八大类价格同比齐升(见图2)。其中,医疗保健类价格同比升幅居八大类之首,同比上升6.9%(上年同期为上升9.0%),上拉总指数0.5个百分点;居住类价格上升1.9%,上拉总指数0.5个百分点;食品烟酒类价格上升1.2%,上拉总指数0.3个百分点;以上三类是拉动居民消费价格上行的主要因素。

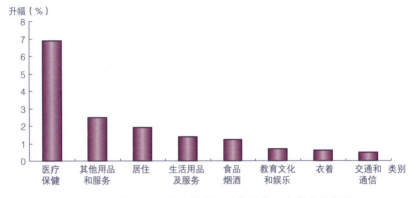

图2　2017年1～11月上海居民消费价格八大类变动幅度

(3) 同比升幅与全国差距收窄,7月份升幅自2014年以来首次低于全国

2017年上海居民消费价格同比走势与全国一致,均呈高开快落后稳。上海居民消费价格同比升幅从年初高于全国1.1个百分点,之后差距逐月缩小,6月份与全国升幅一致(均为1.5%),7月份自2014年以来首次低于全国0.3个百分点。1～10月上海CPI平均高于全国0.2个百分点(同期全国

上升 1.5％）（见图 3）。

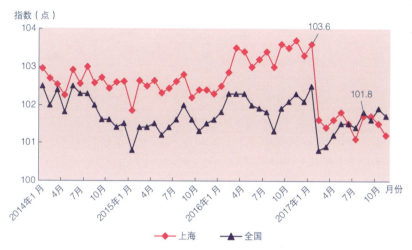

图 3　2014 年以来上海与全国居民消费价格同比指数走势

2.上海居民消费价格变动特点

2017 年，以鲜菜和猪肉为代表的食品烟酒类、以住房租金为代表的居住类价格走势平稳；医疗改革带动医疗保健类价格持续上扬；服务类价格刚性上升，民办教育普涨受关注。

(1)"史上多个之最"夏天菜价平稳，猪肉供给趋暖价格稳中有降

2017 年夏天，上海遭遇罕见高温，地产叶菜生产和供应经受住了最长夏天、极端最高温、最长连续酷暑日（≥37 ℃）的多重考验。相较于同是酷夏的 2013 年，2017 年菜价波幅收窄，菜价异动比 2013 年更趋平缓。6～8月，叶菜各旬环比波幅低于 2013 年同期近两成。蔬菜"两淡"保险①托底作用功不可没，即便是连续高温日期间，大众消费叶菜价格仍在可接受范围（见图 4）。

---

① 2011 年起，上海市政府主导（安信农保公司实施）推出地产叶菜成本价格保险，对参保品种的市场平均零售价低于保单月定价的差额部分，按其跌幅比例做相应赔付。参保品种为青菜、鸡毛菜、米苋、生菜、杭白菜、空心菜、油麦菜、草头、蓬蒿菜，共计 9 个品种。

图4 **2013 年 6～8 月和 2017 年 6～8 月上海叶菜价格旬环比指数走势**

猪肉价格在历经 2016 年的上涨后,2017 年以来市场供需矛盾有所缓解,生猪供应充裕,1～11 月猪肉价格降多升少,同比下降 2.3%(上年同期为上升 13.4%)(见图 5)。其中,猪后蹄均价较年初下降 6.2%,猪大排下降 4.9%,夹心肉下降 4.4%。

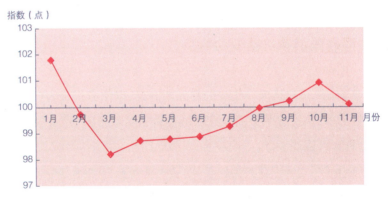

图5 **2017 年 1～11 月上海猪肉价格指数走势(以上月为 100)**

(2)房价调控效应突显,房租价格以稳为主

2016 年,上海房地产市场经历"沪九条""沪六条"等一系列房产调控收紧政策后,房价在一波快速高涨之后得到有效控制,房租连续上涨势头得以缓解。2017 年,上海住房租金价格环比降多升少,2 月份受春节后集中返沪因素影响环比上升 0.6%,7、8 月传统租房签约旺季,分别上升 0.1%和 0.5%;其余月份均呈降势(见图 6)。1～11 月,上海住房租金同比上升 1.8%,较上年同期明显回落(4.7 个百分点)。

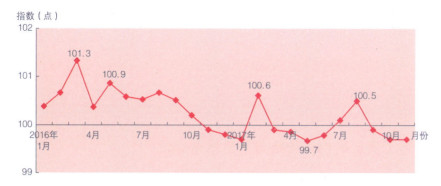

图 6　2016 年以来上海住房租金价格指数走势(以上月为 100)

(3) 三年医改持续推进,医疗保健升幅居各类之首

1～11 月,上海医疗保健类同比上升 6.9%(上年同期为 2.1%),领涨八大类,上拉居民消费价格总指数 0.5 个百分点,对总指数影响率达三成。

2015 年底至 2017 年初,上海分批调整千余项医疗服务项目收费标准,涉及百姓就医常规项目居多,医疗服务价格连续 20 多个月快速上升。其中,三级护理费(40.9%)、普通门诊挂号费(21.4%)等常规医疗服务价格较年初显著上涨。加之 2015 年 6 月,绝大多数药品经历市场化定价改革,原中、西刚需"低价"药品轮番上涨且多次反复,牛黄解毒片、六味地黄丸、急支糖浆等常规药品涨势迅猛。医疗、药品双重因素叠加,持续上拉医疗保健类价格快速上升。

(4) 民办教育收费调幅突显,教育服务价格受关注

始于 2012 年的各级民办学校调价以持续、隐蔽、上涨面不断扩大的方式悄然进行。近六年来各级民办学校学费平均每年上调一成以上。2017 年突显爆发式特点,据跟踪调查的部分学校数据显示,民办小学学费比上年平均上涨 49.0%、民办幼儿园上涨 22.8%、民办初中上涨 21.8%。个别重点民校(包括幼儿园、双语学校等)学费脉冲式上调,总体涨价面达 60% 以上,诸多学校学费涨幅超四成,部分学校收费翻番,优质教育资源成本快速上升。

(5) 劳动力成本递增效应持续发酵,劳务型服务价格刚性上升

受 4 月份上海最低工资标准上调影响,劳动力成本递增效应持续发酵。1～11 月,服务价格同比上升 2.3%,较上年同期回落 2.3 个百分点。虽然快

速上涨势头得以缓解,但与居民生活密切相关的多数劳动服务价格依旧刚性上升,如邮政邮寄(上升 60.9%)、养老服务(12.8%)、装潢维修费(10.9%)、家政服务(6.9%)、美容美发洗浴(5.9%)、衣着加工(4.5%)、车辆修理与保养(3.9%)等项目。

3. 上海居民消费价格与其他城市比较

2017 年 1～11 月上海居民消费价格同比升幅在全国 36 个主要城市①居中位,五大特色城市 CPI 运行彰显不同特点。

(1) 上海 CPI 在 36 个主要城市位次持续后移

2016 年上海 CPI 在全国 36 个主要城市中居前。2017 年,上海 CPI 在 36 个城市中排位逐渐后移,7 月份处于第 31 位。1～11 月,上海 CPI 同比上升 1.7%,在 36 个主要城市居第 20 位,排位低于杭州、南京和北京,高于深圳(见表 1)。

表 1　2017 年 1～11 月全国部分省市居民消费价格同比指数

地　区	居民消费价格总指数	食品烟酒类	居住类	医疗保健类
全　国	101.5	99.5	102.6	106.0
上海市	101.7	101.2	101.9	106.9
北京市	101.9	100.5	103.8	107.4
重庆市	101.0	98.1	101.9	103.9
江苏省	101.7	100.4	102.8	101.5
＃南京市	101.9	102.2	102.4	100.5
浙江省	102.1	100.3	104.9	102.4
＃杭州市	102.4	100.9	105.4	101.7
广东省	101.5	99.9	102.2	106.1
＃广州市	102.3	101.3	103.3	106.7
深圳市	101.4	100.1	100.6	106.3

---

① 　36 个主要城市包括:北京、天津、石家庄、太原、呼和浩特、沈阳、大连、长春、哈尔滨、上海、南京、杭州、宁波、合肥、福州、厦门、南昌、济南、青岛、郑州、武汉、长沙、广州、深圳、南宁、海口、重庆、成都、贵阳、昆明、拉萨、西安、兰州、西宁、银川、乌鲁木齐。

从影响类别看,一是上海房市非理性上涨已退潮,房租价格较全国率先企稳,而二三线城市房产市场升温不止。上海居住类升幅由 2016 年 1～11 月高于全国 3.6 个百分点,降至 2017 年同期低于全国 0.7 个百分点。二是各地医疗改革不同步,上海医疗服务调价起于 2015 年底,而其他诸多城市正在深入推进中。上海医疗保健类价格升幅已由上年高于全国的 5.2 个百分点收窄至 2017 年的 0.9 个百分点。

(2) 五个特色城市 CPI 运行彰显不同特点

上海与北京、深圳、南京、杭州等一线和周边城市(简称"京沪深宁杭")的居民消费价格运行特点体现为:

沪深房市退烧,居住类升幅居五城市末位。2015 年全国房产市场出现一波非理性上涨,不同程度带动房租价格迅速攀升,五城市居住类价格同比齐升。随着各地房产市场调控政策的密集出台,2017 年 1～11 月上海、深圳居住类价格同比分别上升 1.9％和 0.6％,在五城市中居末位。同期,杭州、北京和南京居住类价格分别上升 5.4％、3.8％和 2.4％。

沪京深医改深入推进,医疗服务价格领涨。2015 年起,全国各省市陆续开展医疗服务改革,改革步伐并不同步。杭州、南京医改起步较早,医疗服务价格经过一波上升后率先平稳,2017 年 1～11 月同比分别上升 1.7％和 0.5％;北京、上海、深圳医疗服务改革陆续推进,1～11 月医疗服务价格同比分别上升 7.4％、6.9％和 6.3％,在五城市中居前。

二、 2018 年居民消费价格运行因素分析

1. 推升居民消费价格上行因素分析

2018 年,推动居民消费价格上行的因素依然存在:一是食品类价格波动升高的趋势基本不变,其中鲜菜价格将延续震荡上行态势,在外餐饮价格在农产品价格长期高位运行及服务价格刚性走高双重推升下,仍存逐步攀升之势。二是在多项房地产政策调控下,房地产价格涨势得以有效控制,但住房租金价格走高的潜在可能依旧存在。三是服务成本刚性因素仍将进一步助推教育、劳务等价格持续上扬。四是国内工业品出厂价格(PPI)环比连续

多月快速上涨,上游产品价格的持续上升会在一定程度上带动下游工业消费品价格走高。

2. 平抑居民消费价格运行因素分析

2018 年平抑居民消费价格的因素主要包括:一是国际大宗商品价格继续大幅上涨的可能性较小,国内输入性通胀压力较低。二是国内货币政策会保持稳健,大范围放宽的可能性较小,货币供应引起的物价波动风险有限。三是稳定物价一直是我国各级政府的重点工作,相关优惠补贴政策仍将继续执行,这将对市场价格平稳健康运行起到积极作用。

三、 上海居民消费价格平稳健康运行的对策建议

食品、居住和政策调价项目对居民消费价格的影响至关重要,价格调控仍不可懈怠,"稳价格"措施仍需重视。

1. 优化完善"两淡"保险方案,推广多种农产品纳入试点

"两淡"叶菜保险作为惠农稳产、保供稳价的民生政策,近年来发挥着应对自然风险和市场风险的"稳定器"作用。"两淡"保险经过多年推行成效显著,建议农业主管部门和农保实施部门研究更加优化和完善的保险方案,推广多种农产品纳入实施的可能性。一是扩大参保品种,加大补贴力度。除目前参保的 9 种绿叶菜外,可纳入更多地产农产品加入保险,提高农产品生产规避恶劣天气和抵抗市场波动风险的能力。二是合理布局各品种的参保面积,通过保险达到"均衡生产、均衡上市"的目的。

2. 继续调控房地产非理性过热,持续推进租房租赁市场健康发展

2017 年在多重房地产调控政策协同作用下,上海房地产非理性上涨现

象得到有效遏制,建议相关部门继续完善政策措施,应对房市潜在上升压力。一是持续增加租赁房供给,继续大力推进保障性安居工程。二是通过税收政策调整,鼓励闲置房源出租,释放更多市场化供给。三是规范和引导房屋租赁市场健康发展,尽快出台相关规范和引导房屋租赁市场健康发展的意见,确保租房者的合法利益。

3. 把握政策性调价项目出台步伐,分阶段解决公共产品和服务价格的矛盾

为使居民消费价格平稳运行,建议相关部门结合价格运行情况,广泛听取社会各界诉求和意见,把握各类政策性调价项目出台步伐,审慎出台有序推进,分阶段、分步骤解决公共产品和服务价格的矛盾。

分 报 告

民生篇

2017 年上海城乡居民收入评估
与 2018 年预测

2017 年是实施"十三五"规划的重要之年,也是供给侧结构性改革的深化之年。在党中央、国务院和上海市委、市政府的领导下,全市认真贯彻落实以习近平同志为核心的党中央的决策部署,坚持稳中求进工作总基调,推进创新驱动发展、经济转型升级。全市各级政府着力保障和改善民生,实施一系列惠民政策和措施,经济发展的包容性和居民获得感进一步增强,全年城乡居民收入保持平稳增长。

一、 2017 年上海城乡居民收入增长概况和分析

1. 2017 年上海城乡居民收入概况

(1) 城乡居民收入平稳增长,收入水平全国领先

抽样调查数据显示,2017 年前三季度,上海居民人均可支配收入为 44 360 元,比上年同期名义增长 8.5%,扣除价格因素,实际增长 6.6%。其中,城镇常住居民人均可支配收入为 46 839 元,名义增长 8.5%,扣除价格因素,实际增长 6.6%;农村常住居民人均可支配收入为 23 006 元,名义增长 9.0%,扣除价格因素,实际增长 7.1%。上海居民人均可支配收入水平继续在全国省级行政区保持首位。预计全年上海居民人均可支配收入为 58 900 元左右,同比名义增长 8.5%左右,扣除价格因素,实际增长 6.6%左右(见图 1)。

(2) 居民收入实际增速同比有所提高

2017 年,上海城乡居民收入保持平稳增长,实际增速同比有所提高。2017 年前三季度,上海居民人均可支配收入扣除价格因素实际增长 6.6%,

图 1　2005～2017 年上海城乡居民人均可支配收入水平和增长情况

实际增速同比提高 1.2 个百分点。其中,城镇和农村常住居民人均可支配收入实际增速同比分别提高 1.2 个和 0.8 个百分点。

(3) 城乡居民收入差距进一步缩小

上海各级政府积极促进农民非农就业,稳妥推进农村土地制度和集体经济组织产权制度改革,推进农村综合帮扶,进一步完善"造血"机制,多渠道实现农民增收,城乡居民收入差距继续缩小。上海农村居民收入增速连续 9 年快于城镇居民,2012～2017 年农村居民人均可支配收入名义增幅分别高于城镇居民 0.3 个、1.3 个、1.5 个、1.1 个、1.1 个和 0.5 个百分点(预计)。

2. 2017 年上海居民收入增长特点

(1) 人均工资性收入增长稳中趋缓

2017 年前三季度,上海居民人均工资性收入为 26 017 元,比上年同期增长 4.8%,拉动可支配收入增长 2.9 个百分点。其中,城镇常住居民人均工资性收入为 27 114 元,增长 4.6%,拉动城镇居民可支配收入增长 2.8 个百分点;农村常住居民人均工资性收入为 16 573 元,增长 7.6%,拉动农村居民可支配收入增长 5.5 个百分点(见表 1)。居民工资性收入增长稳中趋缓,主要因素:

城镇职工工资、奖金发放总量尚可,增量后劲不足。上海经济发展进入新常态,2017 年前三季度,城镇职工工资、奖金发放总量尚可,增量部分后劲尚显不足,城镇居民工资性收入增速比上年同期有所回落。

从业人员占家庭人口比重有所下降。2017 年前三季度,上海从业人员工资增长平稳,但从业人员占家庭人口比重有所下降。随着上海人口老龄化程度的加深,退休人员比重不断提高,由工资性收入转为养老金收入,收入水平有所下降。

职工最低工资标准逐年上调,但增速有所趋缓。近几年来,上海职工最低工资标准逐年提升,但上调幅度有所趋缓。2016 年 4 月 1 日起,上海职工最低工资标准由每人每月 2 020 元调整为 2 190 元,上调幅度为 8.4%,低于上年 2.6 个百分点。2017 年 4 月 1 日起,上海职工最低工资标准上调至 2 300 元,上调幅度仅为 5.0%,上调幅度继续趋缓。

表 1　2017 年前三季度上海居民人均可支配收入情况

指标名称	上海居民			城镇常住居民			农村常住居民		
	金额(元)	名义增速(%)	比重(%)	金额(元)	名义增速(%)	比重(%)	金额(元)	名义增速(%)	比重(%)
人均可支配收入	44 360	8.5	100.0	46 839	8.5	100.0	23 006	9.0	100.0
工资性收入	26 017	4.8	58.7	27 114	4.6	57.9	16 573	7.6	72.0
经营净收入	1 246	8.8	2.8	1 251	10.6	2.7	1 206	−4.9	5.3
财产净收入	6 574	13.7	14.8	7 250	13.8	15.5	745	−0.1	3.2
转移净收入	10 523	15.3	23.7	11 224	15.0	23.9	4 482	21.8	19.5
#养老金或离退休金	12 105	13.7	27.3	12 911	13.6	27.6	5 163	15.9	22.4

注:由于转移净收入需扣除转移性支出,故养老金或离退休金大于转移净收入。

(2) 经营净收入保持增长

2017 年前三季度,上海居民人均经营净收入为 1 246 元,比上年同期增长 8.8%。其中,城镇常住居民人均经营净收入为 1 251 元,增长 10.6%,城镇常住居民第三产业经营净收入增长良好;农村常住居民人均经营净收入为 1 206 元,下降 4.9%。主要原因在于农村地区纯农业经营户有所减少,第一产业收入有所下降。

(3) 出租房屋收入提高带动居民财产净收入增长

2017 年前三季度,上海居民人均财产净收入为 6 574 元,比上年同期增长 13.7%。其中,城镇常住居民人均财产净收入为 7 250 元,增长 13.8%;农村常住居民人均财产净收入为 745 元,同比基本持平。上海城镇地区居民出租房屋收入增长良好,城镇常住居民财产净收入中的出租房屋收入同比增长两成左右。

(4) 养老金标准提高带动居民转移净收入增长

2017 年前三季度,上海居民人均转移净收入为 10 523 元,比上年同期增长 15.3%,拉动居民可支配收入增长 3.4 个百分点。其中,城镇常住居民人均转移净收入为 11 224 元,增长 15.0%,拉动城镇常住居民可支配收入增长 3.4 个百分点;农村常住居民人均转移净收入为 4 482 元,增长 21.8%,拉动农村常住居民可支配收入增长 3.8 个百分点。

上海居民转移净收入较快增长的主要原因有以下三点:

一是上海率先提高退休人员基本养老金标准。养老金是居民转移净收入的重要来源,也是拉动转移净收入持续增长的稳定因素。上海对 2016 年底前已按规定办理退休手续并按月领取基本养老金的企业和机关事业单位退休人员,以及 2016 年底前已按原镇保办法申领养老金的人员,根据国家、上海市规定和要求,从 2017 年 1 月起调整月基本养老金,调整办法继续实行定额调整、挂钩调整,并对高龄人员适当倾斜。同时,2017 年 1 月起,调整城乡居保基础养老金标准,上调幅度为 13.3%。前三季度,上海居民人均养老金或离退休金继续保持较快增长,为 12 105 元,增长 13.7%。其中,城镇常住居民人均养老金或离退休金为 12 911 元,增长 13.6%;农村常住居民人均养老金或离退休金为 5 163 元,增长 15.9%。

二是统一城乡基本医保,提高居民待遇。上海继续加大财政补助力度,提高了对城乡居民医保的总体筹资标准,特别是加大了对农村居民的补助水平,从原来的人均筹资不足 2 000 元提高到 3 000 元以上,与城镇居民保持一致。同时,上海提高城乡居民大病保险资金报销比例,从原来的 50% 提高到 55%,医保报销水平不断提高。

三是对离退休人员和困难群体的转移支付力度继续加大。上海继续加大低保和低收入困难家庭专项救助力度,上调城乡居民最低生活保障等 5 项社会救助标准,市、区、镇三级政府继续加大对低收入困难家庭转移支付力度。

二、 2018 年居民收入增长趋势初步判断

1. 有利因素

(1) 上海宏观经济平稳运行

2017 年,上海经济表现出总体平稳、稳中有进、稳中向好、好于预期的积极态势。稳的格局在巩固,进的走向在延续,好的态势更明显,发展的包容性和居民获得感进一步增强。中国(上海)自由贸易试验区及即将建设的自由贸易港的示范引领作用不断显现,具有全球影响力的科技创新中心建设将创造大量高附加值的就业岗位,供给侧结构性改革推进,新的经济增长点加速培育等有利因素均会带动居民收入增长。

(2) 各类增收政策有望持续推出

工资分配政策。积极推动在职人员特别是普通职工收入增长,建立公共服务行业等一线职工工资正常增长机制,继续提高职工最低工资标准,完善机关事业单位工资制度。引导企业合理确定技能劳动者薪酬水平,建立技能劳动者工资增长机制。鼓励"就业困难人员"在部分特定行业就业,依法规范劳务派遣用工、落实同工同酬政策。这些都将有利于居民工资性收入的平稳增长。

社保政策。经济发展进入新常态,养老金收入增长成为拉动居民可支配收入稳定增长的重要力量。2017 年,上海率先提高企业和机关事业单位退休人员基本养老金标准,2018 年预计将继续调整。同时,统一城乡基本医

保,建立城乡居民大病保险制度,扩大因病支出型贫困家庭生活救助受益面,完善低收入困难家庭专项救助政策,提高各类退休人员补贴,提高城乡居民最低生活保障标准等社会救助标准等政策措施都会对居民家庭转移性收入的增长带来积极影响。

税收政策。进一步鼓励、支持、引导非公有制经济发展,改善非公经济发展环境,激发非公经济活力和创造力,落实小微企业税收减免政策,着力缓解中小微企业融资压力,继续帮助中小微企业解决实际困难等。积极配合财政部等国家部委,继续做好个人所得税制改革工作,落实个人所得税相关优惠政策。

自主创业政策。上海积极贯彻《国务院关于做好当前和今后一段时期就业创业工作的意见》(国发〔2017〕28号),落实国家关于促进就业创业工作的决策部署,在经济转型中实现就业转型,以就业转型支撑经济转型,促进劳动者实现更加充分、更高质量的就业。

2. 不利因素

(1) 经济转型发展期下行压力犹存

当前国内外形势依然复杂严峻,上海既面临重大发展机遇,也面临严峻挑战。随着经济进入新常态,居民收入保持较快增长的内生动力尚显不足,城乡居民收入增速亦将会受到经济转型发展和产业结构调整的影响。

(2) 有效调节收入分配政策体系尚待完善

在初次分配领域,市场化的收入分配调节机制尚未完全建立,局部领域的行业垄断和准入壁垒依然存在,一定程度阻碍了各类要素的自由流动,包括劳动力在内的要素价格形成机制仍有被扭曲现象、企业工资集体协商机制还不完善、促进企业职工工资较快增长的政策效力有待进一步加强等。在再分配领域,地方政府调节收入分配的政策手段相对缺乏。

(3) 户籍人口老龄化加剧

近年来,上海户籍人口老龄化程度不断加剧,户籍就业年龄段人口比例有所下降。"十二五"时期,上海户籍就业年龄段人口每年净减少15万左右,预计"十三五"时期户籍就业年龄段人口将净减少 70 万以上。非就业人口比重的不断增加和退休人群人均收入水平由原先的工资性收入水平降至养老金水平,收入水平替代率都将对居民收入增长起到下拉作用,从而对居民收入的较快增长带来一定负面影响。

3. 2018 年预测

基于上述分析,预计 2018 年上海居民人均可支配收入将继续保持平稳增长,名义增速为 8.0% 左右。

三、 对 2018 年促进上海居民收入增长的对策建议

1. 深入推进分配制度改革,激发重点群体活力带动城乡居民增收

积极贯彻落实党的十九大关于收入分配的指导精神和《国务院关于激发重点群体活力带动城乡居民增收的实施意见》要求,瞄准技能人才、科研人员、小微创业者等增收潜力大、带动能力强的八类群体,分类有序深化收入分配制度改革,完善与全市经济社会发展水平及功能定位相适应、符合不同行业特点与发展规律的分配机制。持续激发各领域、各行业的积极性,释放创新创业活力,着力营造公开公平公正的体制机制和竞争环境,加快形成以中等收入群体为主力的橄榄型收入分配格局,努力实现居民收入增长与经济增长同步,劳动报酬与劳动生产率提高同步。

2. 进一步完善社会救助制度,提高低收入居民家庭收入水平

进一步完善社会保障和社会救济体系,应着力解决支出型贫困,不断扩大困难群体受益面,要根据经济发展水平,针对中低、低收入群体的不同保障需求,提供更好、更合适的保障服务和产品,不断提高社会保障水平。继

续提高职工最低工资标准、最低生活保障标准、失业保险金和退休人员基本养老金标准，实施托底保障行动，保障低收入困难群体基本生活。继续深化农村综合帮扶，稳步提高农村薄弱地区农民特别是低收入农户的收入水平。同时鼓励和引导低保对象、残疾人等困难群体中具备劳动能力和劳动条件者提升人力资本，主动参加生产劳动，提高家庭收入水平。

3. 积极创造条件，拓宽城乡居民收入渠道

加强小微创业者的制度安排，优化创新创业政策机制，提升创业服务水平和效率，努力为小微创业者营造良好的发展环境，形成全社会大众创业、万众创新的热潮，不断增加居民经营性收入。促进上海房地产市场健康有序发展，鼓励发展房屋租赁市场，引导城乡居民获得合法有序和长期稳定的租金收益。实施财产性收入开源清障行动，拓宽居民财产投资渠道，加强对居民财产性收入的法制保障，合理调节财产性收入，保障居民获取合理投资收益。

2017 年上海就业评估与 2018 年预测

2017 年，上海就业形势保持基本稳定，供需结构转型持续进行，第三产业就业比例持续提高，新经济、新业态、新模式吸收和带动了大量就业，为经济社会持续稳定健康发展奠定了基础，但就业形式更趋多元化和复杂化，就业结构性矛盾仍然突出。2018 年，预计上海就业形势仍将比较平稳，新型业态将是就业的新增长点。

一、 2017 年上海就业状况分析

1. 主要就业指标完成情况

(1) 新增就业岗位与往年基本持平

2017 年 1～11 月，全市新增就业岗位 57.73 万个，提前完成全年 50 万个的目标，预计全年能实现新增就业岗位 59 万个以上，与往年基本持平。11 月末，上海城镇登记失业人数为 22.12 万人，比上年同期减少 1.12 万人，同比下降 4.8％。新安置就业困难人员 45 677 人，帮助成功创业人员 12 506 人，当年新消除"零就业"家庭数 270 户。

(2) 高校毕业生就业率有所提高，企业招聘需求增长

近年来，上海有关部门和高校积极探索，多措并举拓宽毕业生就业领域，综合施策，引导和鼓励高校毕业生到基层就业，形成并巩固了促进上海高校毕业生就业创业的有效方法举措，在保证毕业生充分就业和提升毕业生就业质量两方面都取得了积极成效，上海高校毕业生就业率一直保持在 96％以上。

2017 年，上海高校毕业生共有 17.4 万人，截至 9 月底就业率为 96.9％，比上年同期提高 0.4 个百分点。据 2017 年 3 季度的 1 082 家企业用工调查显示，

346家企业有应届毕业生招聘计划，占全部被调查企业的32.0％，全年计划招聘人数比上年同期增加20.5％；截至8月底，已完成年度招聘计划的64.6％。

2. 企业用工需求基本稳定，用工供需结构矛盾仍突出

2017年3季度用工状况调查情况显示，企业总体生产经营状况同比略有提升，用工需求基本持平，招聘岗位需求最大的是技能型员工，但有部分行业从业人员减员比较明显。企业用工成本相较于上年有所提升，大部分企业认为降低社保费率对降低企业经营成本有效用。

(1) 企业从业人员数有所下降，八成以上企业用工状况适应自身发展需要

调查显示，3季度被调查企业从业人员总数比2016年末下降2.5％。其中，建筑业从业人员数下降程度最为明显，比上年末下降23.8％，房地产业下降5.3％，房地产市场明显降温是导致房地产和建筑业从业人员数双双下降的主要原因。批发和零售业从业人员数比上年末下降9.6％，主要原因是部分企业实体门店转线上销售，用工需求有所下降。

受企业转型、生产效率不断提高等影响，被调查企业从业人员呈逐步下降趋势，但仍有84.6％的企业表示目前单位用工总体状况适应企业发展需要，高于上年同期的80.1％，比2017年2季度和1季度分别提高0.6个和2.6个百分点（见图1）。

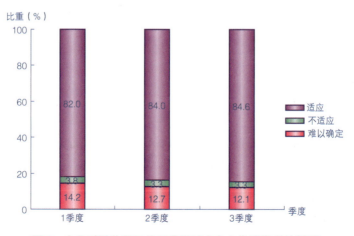

图1　企业对目前用工状况是否适应自身发展需求的判断

(2) 劳务派遣人员人数下降明显,部分行业人员流失严重

调查显示,3 季度末劳务派遣人员数比上年末下降 9.2%,占从业人员的比例比上年末下降 0.5 个百分点,越来越多的企业正在把劳务派遣的用工方式转变为劳务外包或者业务外包。

69.5% 的被调查企业人员流失比例[①]在 0～5%,18.0% 的企业在 5%～10%,6.0% 的企业在 10%～20%,6.5% 的企业超过 20%。住宿餐饮业和信息产业人员流失比例较严重,分别有 20.8% 和 25.0% 的被调查企业人员流失比例在 10% 以上。

人员流失的主要原因有(可多选):跳槽或被挖角(26.0%),员工自然退休(21.8%),薪酬问题(18.2%),业务缩减(15.7%),用工结构转变(9.8%),其他(8.5%)。跳槽或被挖角成为企业人员流失最主要原因,行业间存在一定差异。金融业,信息传输、软件和信息技术服务业人员流失的主因是跳槽或被挖角,占比分别为 67.9% 和 59.4%,一定程度上反映出这两大行业存在人才缺口;建筑业人员流失的主因是业务缩减,占比为 26.8%;住宿和餐饮业长期以来薪酬水平缺乏市场竞争力,该因素占比 47.9%;其他行业人员流失的主因是自然退休,占比 38.7%。

(3) 企业招聘计划和招聘完成情况均好于上年

调查显示,被调查企业中有 601 家 2017 年有招聘计划,占被调查企业的 56.0%,计划招聘人数比上年增加 9.4%。截至 8 月底,完成招聘计划的 64.0%,招聘完成人数同比增加 25.5%。招聘进度完成较好的行业有金融业(75.2%)、其他服务业(70.9%)等;招聘进度完成较差的行业有租赁和商务服务业(36.5%)、建筑业(48.5%)等。

(4) 技能型人才缺口明显,用工需求与应聘者条件及期望匹配度不够

调查显示,企业招聘岗位需求(可多选)最大的是技能型员工,比例达到 37.9%,接下来依次是经营管理人才(22.9%)、市场营销类人员(21.9%)、高级技术人员(19.0%)、研发类人员(16.5%)、职能部门人员(10.9%)(见图 2)。

---

① 人员流失比例指在报告期内离职员工占单位员工总数的比例。

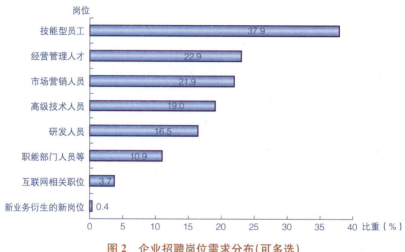

图 2　企业招聘岗位需求分布(可多选)

企业招不到员工的主要原因有(可多选):岗位技术要求高、难以招到合适人选(60.7%),工资福利待遇不高(35.9%),市场景气订单增加(18.5%),工作环境欠佳(7.8%),因前期订单减少减员而现在订单恢复人手不足(7.3%),其他(11.2%)。可以看出,目前缺工的主要因素是用工需求与应聘者条件及期望匹配度不够,以及行业季节性缺工等。

(5) 企业招聘来源多元化

招聘是企业吸收人才的重要渠道,除了传统的人才市场、招聘网等社会招聘和校园招聘之外,越来越多的企业尝试新型招聘方式,如熟人推荐、人力资源公司、实习生转正式员工等。调查显示,被调查企业招聘主要渠道有(可多选):社会招聘(65.1%),校园招聘(18.8%),熟人推荐(30.6%),人力资源公司(24.6%),实习生转正式员工(12.2%)(见图 3)。

(6) 近八成企业认为降低社保费率对降低企业经营成本有效果

调查显示,四成以上企业认为 2017 年企业用工成本比上年有所上升。为贯彻国家关于适当调整社会保险费率等要求,上海在保障参保人员社会保险待遇水平和社保基金正常运行的前提下,出台政策逐步降低部分职工社会保险的费率水平,减轻企业用工负担。调查企业中,对这项政策的知晓率达到 95.9%,其中充分了解的达到了 31.5%。有 79.4% 认为降低社保费率对降低企业经营成本有效果,其中认为有明显效果的占 5.0%,认为有点效果的占 74.3%。

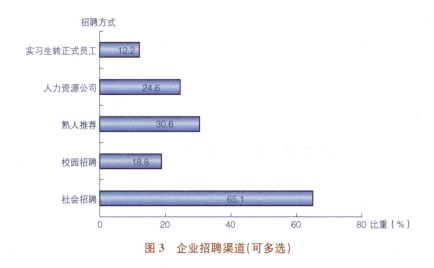

图3　企业招聘渠道(可多选)

二、 2018 年上海就业形势初步判断

1. 就业压力仍将持续

随着上海转型发展的不断推进,虽然部分劳动密集型产业逐步迁移,但由于就业、人居环境等因素劳动力并未转移,而是留存下来成为待业人员;新经济新业态下,对劳动力素质要求越来越高,部分就业人员无法实现新的"转型",变成失业人员;企业在成本不断攀升的情况下,为了提高生产率,开始使用机器代替人等因素都会给就业带来压力。

根据教育部发布的数据,2017 届全国普通高校毕业生达 795 万人,比 2016 年增加 30 万人,加上缓就业的往届毕业生,2017 年进入劳动力市场的毕业生估计达到 1 000 万人以上,该趋势短期内不会改变,上海作为高校毕业生就业的首选目的地之一,未来几年就业市场势必将面临更大压力。

2. 企业"缺工"与"招工难"并存,用工结构性矛盾仍将突出

调查数据显示,劳动力市场供求双方在性别、年龄、素质等方面存在错位、不适应、不匹配,产生就业结构性矛盾,体现在"招工难"和"就业难"的情

况并存：一方面企业招工难，尤其是高级技工的招工难；另一方面劳动者就业难，有的是因为年龄大，有的是技能不突出，还有一些高校毕业生"高知识、低技能"。同时，区域、行业、企业就业情况的分化趋势也在凸显，结构性和摩擦性失业增多。

3. 新经济成为促进就业重要动力

近年来，上海大力推进创新驱动发展战略，实施了一系列积极的就业政策。随着大众创业、万众创新不断深入，在经济增速有所放缓的形势下，各种新经济层出不穷，极大释放了民间的创新创业潜力，也创造了大量就业机会，成为促进就业的重要动力。2012 年至 2017 年 10 月底，仅政府层面就帮助 6.6 万人次成功创业。

4. 就业促进政策红利逐步释放

近几年，一系列政策措施再次彰显出政府对于"扩大就业"的决心与努力。国务院相继印发了《"十三五"促进就业规划》《关于做好当前和今后一段时期就业创业工作的意见》以及相关大学生就业扶持政策。上海在贯彻落实国家就业政策方针的基础上，积极实施《上海市鼓励创业带动就业三年行动计划（2015—2017 年）》，出台了做好 2017 年上海高校毕业生就业创业工作的指导意见，将长期失业青年首次纳入就业困难人群补贴范围，出台政策逐步降低上海部分职工社会保险的费率水平等一系列促进就业措施。以降低社保费率这一项为例，自 2017 年 1 月 1 日至 2018 年 4 月 30 日，在 2016 年的基础上阶段性下调失业保险单位缴费比例 0.5 个百分点，制度性下调职工医疗保险单位缴费比例 0.5 个百分点，这将在 2016 年为企业减负 135 亿元的基础上再减少 80 亿元的社保缴费，实实在在降低企业用工成本，促进企业吸收劳动力就业。

综上所述，预计 2018 年上海从业人员总量将维持平稳增长态势，城镇登记失业率将保持在 4.1% 以下。

三、 对策与建议

1. 积极培育新的就业增长点

大力发展新兴产业,不断拓展新兴就业领域。多年来,计算机软件、通信技术和移动互联网等相关行业一直是就业增长最快的行业,金融和租赁也是现代服务业增长比较快的点。要紧紧把握全球科技革命和产业变革重大机遇,深入实施创新驱动发展战略,大力发展战略性新兴产业,拓展产业发展新空间,创造就业新领域;培育更多跨界融合、面向未来的就业创业沃土,开发更多新型就业模式。

2. 优化产业结构,进一步提高服务业吸纳就业的能力

随着经济转型发展,上海逐步形成了以服务业为主体的就业结构,2016年服务业就业人口占全部就业人员的 64.2%,大致相当于中等收入国家水平,但与发达国家水平仍有差距。目前,西方发达国家服务业多数能达到三个 70%,即服务业占经济总量的 70%,服务业从业人员占就业人口的 70%,经济增长的 70% 来自服务业的贡献。上海服务业就业比重相对还偏低,加快服务业提质增效仍然是经济转型必需面对的重点、难点问题。从调整和优化产业结构着手,提高服务业在国民经济中的比重,加快高技术服务业、金融业、现代航运服务业、战略性新兴产业及软件和信息服务业等重点行业的发展,进一步发挥服务业在吸纳就业人数、优化就业结构和提升就业层次等方面的积极作用。

3. 完善就业政策,提升公共就业服务能力和水平

对企业实施更加积极的就业政策。进一步加强就业服务工作,提升公共就业服务能力和水平,积极为企业和求职人员搭建就业供需平台,为企业

扩大用工提供有力支持。进一步建立全面、完整、准确的参保和就业基础数据库。探索推出公益性就业岗位与企事业困难人员托底就业相衔接的机制，进一步强化人力资源要素保障。

4. 加大技能型人才的培养力度

进一步加大高技能人才的培养力度，聚焦岗前技能培训和在岗技能提升培训，建立重点建设项目与职业培训联动机制。同时完善产业引领的培训项目开发提升机制，加快开发适应新经济发展需求的培训项目，探索发展"互联网＋"的培训技术，提高技能型人才，特别是高技能型人才占劳动者的比重。有针对性地培训劳动力为产业发展提供人才支撑。充分运用职业培训补贴和鉴定补贴政策，鼓励企业和培训机构广泛开展各类职业培训，重点实施好岗前培训、技能提升培训，完善有利于技能型人才成长的培养机制、评价机制和激励机制，着力实现技能和岗位无缝对接。

5. 确保高校毕业生就业稳定，引导毕业生到基层就业

大力推进高校毕业生实习实训基地建设，推动基层就业、困难帮扶、自主创业、大学生就业指导服务等工作，做好毕业生就业工作和就业质量综合评价工作。进一步引导和鼓励高校毕业生到基层就业，积极为中小企业招聘高校毕业生搭建平台。对未就业毕业生，实施定向援助，托底安置。

后 记

2017 年，是上海加快实施创新驱动发展战略的重要一年，也是统计系统深化统计管理体制改革、加快构建现代统计调查体系的关键之年。面对更加复杂、更加多元的经济发展情况，上海市统计科学应用研究所课题组深入贯彻党的十九大、十八届历次全会、中央经济工作会议、全国统计工作会议和上海市第十一次党代会等一系列重要会议精神，进一步发挥统计工作的职能作用，为城市经济发展和社会进步提供统计服务保障，编撰出版《2017～2018上海经济形势——回顾与展望》一书。这也是在有关各方支持下推出的第十本年度经济报告。

本期报告的编撰分工如下：

课题总纲、编审：周亚、朱章海。

审稿：吴铭、汤汇浩、肖永培、李炜、阮大成、施方、沈丽华；周学文、范具才、孙德麟、冯瑶钧、吴展敏、程英以及各位执行编委；阮大成协助编审。撰稿：总报告由陈君君执笔。分报告中，R&D 投入篇由吴和雨执笔；航运中心篇由刘北平执笔；先行指数篇由曾卓、王佳杰执笔；发展环境篇由库天一执笔；投资篇由马向科执笔；消费篇由冯晓华执笔；外贸篇由李珍执笔；外资篇由吴胜娟执笔；农业篇由张九虎执笔；工业篇由王泽华执笔；第三产业篇由张凤执笔；金融篇由王莉芳执笔；房地产篇由罗欣蟾、张洁瑜执笔；生产价格篇由詹雪执笔；消费价格篇由李卉执笔；城乡居民收入篇由程顺森执笔；就业篇由漆鹏执笔。统稿和编辑：朱国众、曹家乐、许亦楠、郭晶晶；甄明霞、刘慧、聂钦宗、蔡晗昀、张腾。英文编辑：郭晶晶。

此外，本报告在撰写和编辑过程中，得到了上海市发展和改革委员会、上海市商务委员会、上海市经济和信息化委员会、上海市财政局、上海市人力资源和社会保障局、上海市住房和城乡建设管理委员会、上海海关、上海市知识产权局、中国人民银行上海总部、中国证券监督管理委员会上海监管局、中国保险监督管理委员会上海监管局、中国银行业监督管理委员会上海监管局、上海市交通委员会等部门的支持与帮助,在此一并深表谢忱!

由于时间所限,书中难免有不足和疏漏之处,诚恳希望社会各界指正。

编　者

2017 年 12 月

图书在版编目(CIP)数据

2017～2018上海经济形势:回顾与展望/周亚,朱
章海主编.—上海:格致出版社:上海人民出版社,
2018.1
　　ISBN 978 - 7 - 5432 - 2829 - 0

　Ⅰ.①2…　Ⅱ.①周…　②朱…　Ⅲ.①区域经济-经济
分析-上海-2017　②区域经济-经济预测-上海-2018
Ⅳ.①F127.51

　　中国版本图书馆CIP数据核字(2017)第327840号

责任编辑　忻雁翔
封面设计　蔡旭洲
美术编辑　路　静

2017～2018上海经济形势——回顾与展望

周亚　朱章海　主编

出　　版	世纪出版股份有限公司　格致出版社	印　　刷	常熟市新骅印刷有限公司
	世纪出版集团　上海人民出版社	开　　本	720×1000　1/16
	(200001　上海福建中路193号　www.ewen.co)	印　　张	12.5
	编辑部热线　021-63914988	字　　数	182,000
	市场部热线　021-63914081		
	www.hibooks.cn	版　　次	2018年1月第1版
发　　行	上海世纪出版股份有限公司发行中心	印　　次	2018年1月第1次印刷

ISBN 978 - 7 - 5432 - 2829 - 0/F·1089　　　　　　　　　　定价:88.00元